HINDI
VOCABULARIO

PALABRAS MÁS USADAS

ESPAÑOL-HINDI

Las palabras más útiles
Para expandir su vocabulario y refinar
sus habilidades lingüísticas

5000 palabras

Vocabulario Español-Hindi - 5000 palabras más usadas
por Andrey Taranov

Los vocabularios de T&P Books buscan ayudar en el aprendizaje, la memorización y la revisión de palabras de idiomas extranjeros. El diccionario se divide por temas, cubriendo toda la esfera de las actividades cotidianas, de negocios, ciencias, cultura, etc.

El proceso de aprendizaje de palabras utilizando los diccionarios temáticos de T&P Books le proporcionará a usted las siguientes ventajas:

- La información del idioma secundario está organizada claramente y predetermina el éxito para las etapas subsiguientes en la memorización de palabras.
- Las palabras derivadas de la misma raíz se agrupan, lo cual permite la memorización de grupos de palabras en vez de palabras aisladas.
- Las unidades pequeñas de palabras facilitan el proceso de reconocimiento de enlaces de asociación que se necesitan para la cohesión del vocabulario.
- De este modo, se puede estimar el número de palabras aprendidas y así también el nivel de conocimiento del idioma.

Copyright © 2024 T&P Books Publishing

Todos los derechos reservados. Ninguna porción de este libro puede reproducirse o utilizarse de ninguna manera o por ningún medio; sea electrónico o mecánico, lo cual incluye la fotocopia, grabación o información almacenada y sistemas de recuperación, sin el permiso escrito de la editorial.

T&P Books Publishing
www.tpbooks.com

ISBN: 978-1-78616-560-2

Este libro está disponible en formato electrónico o de E-Book también.
Visite www.tpbooks.com o las librerías electrónicas más destacadas en la Red.

VOCABULARIO HINDI
palabras más usadas

Los vocabularios de T&P Books buscan ayudar al aprendiz a aprender, memorizar y repasar palabras de idiomas extranjeros. Los vocabularios contienen más de 5000 palabras comúnmente usadas y organizadas de manera temática.

- El vocabulario contiene las palabras corrientes más usadas.
- Se recomienda como ayuda adicional a cualquier curso de idiomas.
- Capta las necesidades de aprendices de nivel principiante y avanzado.
- Es conveniente para uso cotidiano, prácticas de revisión y actividades de autoevaluación.
- Facilita la evaluación del vocabulario.

Aspectos claves del vocabulario

- Las palabras se organizan según el significado, no según el orden alfabético.
- Las palabras se presentan en tres columnas para facilitar los procesos de repaso y auto-evaluación.
- Los grupos de palabras se dividen en pequeñas secciones para facilitar el proceso de aprendizaje.
- El vocabulario ofrece una transcripción sencilla y conveniente de cada palabra extranjera.

El vocabulario contiene 155 temas que incluyen lo siguiente:

Conceptos básicos, números, colores, meses, estaciones, unidades de medidas, ropa y accesorios, comida y nutrición, restaurantes, familia nuclear, familia extendida, características de personalidad, sentimientos, emociones, enfermedades, la ciudad y el pueblo, exploración del paisaje, compras, finanzas, la casa, el hogar, la oficina, el trabajo en oficina, importación y exportación, promociones, búsqueda de trabajo, deportes, educación, computación, la red, herramientas, la naturaleza, los países, las nacionalidades y más ...

TABLA DE CONTENIDO

GUÍA DE PRONUNCIACIÓN	9
ABREVIATURAS	11

CONCEPTOS BÁSICOS 12
Conceptos básicos. Unidad 1 12

1. Los pronombres 12
2. Saludos. Salutaciones. Despedidas 12
3. Como dirigirse a otras personas 13
4. Números cardinales. Unidad 1 13
5. Números cardinales. Unidad 2 14
6. Números ordinales 15
7. Números. Fracciones 15
8. Números. Operaciones básicas 15
9. Números. Miscelánea 15
10. Los verbos más importantes. Unidad 1 16
11. Los verbos más importantes. Unidad 2 17
12. Los verbos más importantes. Unidad 3 18
13. Los verbos más importantes. Unidad 4 19
14. Los colores 19
15. Las preguntas 20
16. Las preposiciones 21
17. Las palabras útiles. Los adverbios. Unidad 1 21
18. Las palabras útiles. Los adverbios. Unidad 2 23

Conceptos básicos. Unidad 2 25

19. Los días de la semana 25
20. Las horas. El día y la noche 25
21. Los meses. Las estaciones 26
22. Las unidades de medida 28
23. Contenedores 29

EL SER HUMANO 30
El ser humano. El cuerpo 30

24. La cabeza 30
25. El cuerpo 31

La ropa y los accesorios 32

26. La ropa exterior. Los abrigos 32
27. Ropa de hombre y mujer 32

28. La ropa. La ropa interior	33
29. Gorras	33
30. El calzado	33
31. Accesorios personales	34
32. La ropa. Miscelánea	34
33. Productos personales. Cosméticos	35
34. Los relojes	36

La comida y la nutrición	**37**
35. La comida	37
36. Las bebidas	38
37. Las verduras	39
38. Las frutas. Las nueces	40
39. El pan. Los dulces	41
40. Los platos	41
41. Las especias	42
42. Las comidas	43
43. Los cubiertos	43
44. El restaurante	44

La familia nuclear, los parientes y los amigos	**45**
45. La información personal. Los formularios	45
46. Los familiares. Los parientes	45

La medicina	**47**
47. Las enfermedades	47
48. Los síntomas. Los tratamientos. Unidad 1	48
49. Los síntomas. Los tratamientos. Unidad 2	49
50. Los síntomas. Los tratamientos. Unidad 3	50
51. Los médicos	51
52. La medicina. Las drogas. Los accesorios	51

EL AMBIENTE HUMANO	**52**
La ciudad	**52**
53. La ciudad. La vida en la ciudad	52
54. Las instituciones urbanas	53
55. Los avisos	54
56. El transporte urbano	55
57. El turismo. La excursión	56
58. Las compras	57
59. El dinero	58
60. La oficina de correos	59

La vivienda. La casa. El hogar	**60**
61. La casa. La electricidad	60

62. La villa. La mansión	60
63. El apartamento	60
64. Los muebles. El interior	61
65. Los accesorios de cama	62
66. La cocina	62
67. El baño	63
68. Los aparatos domésticos	64

LAS ACTIVIDADES DE LA GENTE	**65**
El trabajo. Los negocios. Unidad 1	**65**
69. La oficina. El trabajo de oficina	65
70. Los procesos de negocio. Unidad 1	66
71. Los procesos de negocio. Unidad 2	67
72. La producción. Los trabajos	68
73. El contrato. El acuerdo	69
74. Importación y exportación	70
75. Las finanzas	70
76. La mercadotecnia	71
77. La publicidad	71
78. La banca	72
79. El teléfono. Las conversaciones telefónicas	73
80. El teléfono celular	73
81. Los artículos de escritorio. La papelería	74
82. Tipos de negocios	74

El trabajo. Los negocios. Unidad 2	**77**
83. La exhibición. La feria comercial	77
84. La ciencia. La investigación. Los científicos	78

Las profesiones y los oficios	**79**
85. La búsqueda de trabajo. El despido	79
86. Los negociantes	79
87. Los trabajos de servicio	80
88. La profesión militar y los rangos	81
89. Los oficiales. Los sacerdotes	82
90. Las profesiones agrícolas	82
91. Las profesiones artísticas	83
92. Profesiones diversas	83
93. Los trabajos. El estatus social	85

La educación	**86**
94. La escuela	86
95. Los institutos. La Universidad	87
96. Las ciencias. Las disciplinas	88
97. Los sistemas de escritura. La ortografía	88
98. Los idiomas extranjeros	89

El descanso. El entretenimiento. El viaje	91
99. Las vacaciones. El viaje	91
100. El hotel	91

EL EQUIPO TÉCNICO. EL TRANSPORTE	93
El equipo técnico	93
101. El computador	93
102. El internet. El correo electrónico	94
103. La electricidad	95
104. Las herramientas	95

El transporte	98
105. El avión	98
106. El tren	99
107. El barco	100
108. El aeropuerto	101

Acontecimentos de la vida	103
109. Los días festivos. Los eventos	103
110. Los funerales. El entierro	104
111. La guerra. Los soldados	104
112. La guerra. El ámbito militar. Unidad 1	105
113. La guerra. El ámbito militar. Unidad 2	107
114. Las armas	108
115. Los pueblos antiguos	110
116. La Edad Media	110
117. El líder. El jefe. Las autoridades	112
118. Violar la ley. Los criminales. Unidad 1	113
119. Violar la ley. Los criminales. Unidad 2	114
120. La policía. La ley. Unidad 1	115
121. La policía. La ley. Unidad 2	116

LA NATURALEZA	118
La tierra. Unidad 1	118
122. El espacio	118
123. La tierra	119
124. Los puntos cardinales	120
125. El mar. El océano	120
126. Los nombres de los mares y los océanos	121
127. Las montañas	122
128. Los nombres de las montañas	123
129. Los ríos	123
130. Los nombres de los ríos	124
131. El bosque	124
132. Los recursos naturales	125

La tierra. Unidad 2	127
133. El tiempo	127
134. Los eventos climáticos severos. Los desastres naturales	128
La fauna	129
135. Los mamíferos. Los predadores	129
136. Los animales salvajes	129
137. Los animales domésticos	130
138. Los pájaros	131
139. Los peces. Los animales marinos	133
140. Los anfibios. Los reptiles	133
141. Los insectos	134
La flora	135
142. Los árboles	135
143. Los arbustos	135
144. Las frutas. Las bayas	136
145. Las flores. Las plantas	137
146. Los cereales, los granos	138
LOS PAÍSES. LAS NACIONALIDADES	139
147. Europa occidental	139
148. Europa central y oriental	139
149. Los países de la antes Unión Soviética	140
150. Asia	140
151. América del Norte	141
152. Centroamérica y Sudamérica	141
153. África	142
154. Australia. Oceanía	142
155. Las ciudades	142

GUÍA DE PRONUNCIACIÓN

La letra	Ejemplo hindi	T&P alfabeto fonético	Ejemplo español

Las vocales

अ	अक्सर	[a]; [ɑ], [ə]	radio; llave
आ	आगमन	[aː]	contraataque
इ	इनाम	[i]	ilegal
ई	ईश्वर	[i], [iː]	tranquilo
उ	उठना	[ʊ]	pulpo
ऊ	ऊपर	[uː]	jugador
ऋ	ऋग्वेद	[r, rʲ]	gritar
ए	एकता	[eː]	sexto
ऐ	ऐनक	[aj]	paisaje
ओ	ओला	[oː]	domicilio
औ	औरत	[au]	mausoleo
अं	अंजीर	[ŋ]	manga
अः	अ से अः	[h]	registro
ऑ	ऑफिस	[ɒ]	paralelo

Las consonantes

क	कमरा	[k]	charco
ख	खिड़की	[kh]	[k] aspirada
ग	गरज	[g]	jugada
घ	घर	[gh]	[g] aspirada
ङ	ङाकू	[ŋ]	manga
च	चक्कर	[ʧ]	mapache
छ	छात्र	[ʧh]	[tsch] aspirado
ज	जाना	[ʤ]	jazz
झ	झलक	[ʤ]	jazz
ञ	विज्ञान	[ɲ]	leña
ट	मटर	[t]	torre
ठ	ठेका	[th]	[t] aspirada
ड	डंडा	[d]	desierto
ढ	ढलान	[d]	desierto
ण	क्षण	[n]	La nasal retrofleja
त	ताकत	[t]	torre
थ	थकना	[th]	[t] aspirada
द	दरवाज़ा	[d]	desierto
ध	धोना	[d]	desierto
न	नाई	[n]	sonar

La letra	Ejemplo hindi	T&P alfabeto fonético	Ejemplo español
प	पिता	[p]	precio
फ	फल	[f]	golf
ब	बच्चा	[b]	en barco
भ	भाई	[b]	en barco
म	माता	[m]	nombre
य	याद	[j]	asiento
र	रीछ	[r]	era, alfombra
ल	लाल	[l]	lira
व	वचन	[v]	travieso
श	शिक्षक	[ʃ]	shopping
ष	भाषा	[ʃ]	shopping
स	सोना	[s]	salva
ह	हज़ार	[h]	registro

Las consonantes adicionales

क़	क़लम	[q]	catástrofe
ख़	ख़बर	[h]	coger
ड़	लड़का	[r]	era, alfombra
ढ़	पढ़ना	[r]	era, alfombra
ग़	ग़लती	[ɣ]	amigo, magnífico
ज़	ज़िन्दगी	[z]	desde
झ़	टे̃झ़र	[ʒ]	adyacente
फ़	फ़ौज	[f]	golf

ABREVIATURAS
usadas en el vocabulario

Abreviatura en español

adj	- adjetivo
adv	- adverbio
anim.	- animado
conj	- conjunción
etc.	- etcétera
f	- sustantivo femenino
f pl	- femenino plural
fam.	- uso familiar
fem.	- femenino
form.	- uso formal
inanim.	- inanimado
innum.	- innumerable
m	- sustantivo masculino
m pl	- masculino plural
m, f	- masculino, femenino
masc.	- masculino
mat	- matemáticas
mil.	- militar
num.	- numerable
p.ej.	- por ejemplo
pl	- plural
pron	- pronombre
sg	- singular
v aux	- verbo auxiliar
vi	- verbo intransitivo
vi, vt	- verbo intransitivo, verbo transitivo
vr	- verbo reflexivo
vt	- verbo transitivo

Abreviatura en hindi

f	- sustantivo femenino
f pl	- femenino plural
m	- sustantivo masculino
m pl	- masculino plural

CONCEPTOS BÁSICOS

Conceptos básicos. Unidad 1

1. Los pronombres

yo	मैं	main
tú	तुम	tum
él, ella, ello	वह	vah
nosotros, -as	हम	ham
vosotros, -as	आप	āp
ellos, ellas	वे	ve

2. Saludos. Salutaciones. Despedidas

¡Hola! (fam.)	नमस्कार!	namaskār!
¡Hola! (form.)	नमस्ते!	namaste!
¡Buenos días!	नमस्ते!	namaste!
¡Buenas tardes!	नमस्ते!	namaste!
¡Buenas noches!	नमस्ते!	namaste!
decir hola	नमस्कार कहना	namaskār kahana
¡Hola! (a un amigo)	नमस्कार!	namaskār!
saludo (m)	अभिवादन (m)	abhivādan
saludar (vt)	अभिवादन करना	abhivādan karana
¿Cómo estás?	आप कैसे हैं?	āp kaise hain?
¿Qué hay de nuevo?	क्या हाल है?	kya hāl hai?
¡Chau! ¡Adiós!	अलविदा!	alavida!
¡Hasta pronto!	फिर मिलेंगे!	fir milenge!
¡Adiós! (fam.)	अलिवदा!	alivada!
¡Adiós! (form.)	अलविदा!	alavida!
despedirse (vr)	अलविदा कहना	alavida kahana
¡Hasta luego!	अलविदा!	alavida!
¡Gracias!	धन्यवाद!	dhanyavād!
¡Muchas gracias!	बहुत बहुत शुक्रिया!	bahut bahut shukriya!
De nada	कोई बात नहीं	koī bāt nahin
No hay de qué	कोई बात नहीं	koī bāt nahin
De nada	कोई बात नहीं	koī bāt nahin
¡Disculpa!	माफ़ कीजिएगा!	māf kījiega!
¡Disculpe!	माफ़ी कीजियेगा!	māfī kījiyega!
disculpar (vt)	माफ़ करना	māf karana
disculparse (vr)	माफ़ी मांगना	māfī māngana
Mis disculpas	मुझे माफ़ कीजिएगा	mujhe māf kījiega

¡Perdóneme!	मुझे माफ़ कीजिएगा!	mujhe māf kījiega!
perdonar (vt)	माफ़ करना	māf karana
por favor	कृप्या	krpya
¡No se le olvide!	भूलना नहीं!	bhūlana nahin!
¡Ciertamente!	ज़रूर!	zarūr!
¡Claro que no!	बिल्कुल नहीं!	bilkul nahin!
¡De acuerdo!	ठीक है!	thīk hai!
¡Basta!	बहुत हुआ!	bahut hua!

3. Como dirigirse a otras personas

señor	श्रीमान	shrīmān
señora	श्रीमती	shrīmatī
señorita	मैम	maim
joven	बेटा	beta
niño	बेटा	beta
niña	कुमारी	kumārī

4. Números cardinales. Unidad 1

cero	ज़ीरो	zīro
uno	एक	ek
dos	दो	do
tres	तीन	tīn
cuatro	चार	chār
cinco	पाँच	pānch
seis	छह	chhah
siete	सात	sāt
ocho	आठ	āth
nueve	नौ	nau
diez	दस	das
once	ग्यारह	gyārah
doce	बारह	bārah
trece	तेरह	terah
catorce	चौदह	chaudah
quince	पन्द्रह	pandrah
dieciséis	सोलह	solah
diecisiete	सत्रह	satrah
dieciocho	अठारह	athārah
diecinueve	उन्नीस	unnīs
veinte	बीस	bīs
veintiuno	इक्कीस	ikkīs
veintidós	बाईस	baīs
veintitrés	तेईस	teīs
treinta	तीस	tīs
treinta y uno	इकत्तीस	ikattīs

treinta y dos	बत्तीस	battīs
treinta y tres	तैंतीस	taintīs
cuarenta	चालीस	chālīs
cuarenta y uno	इत्तालीस	iktālīs
cuarenta y dos	बयालीस	bayālīs
cuarenta y tres	तैंतालीस	taintālīs
cincuenta	पचास	pachās
cincuenta y uno	इक्यावन	ikyāvan
cincuenta y dos	बावन	bāvan
cincuenta y tres	तिरपन	tirapan
sesenta	साठ	sāth
sesenta y uno	इकसठ	ikasath
sesenta y dos	बासठ	bāsath
sesenta y tres	तिरसठ	tirasath
setenta	सत्तर	sattar
setenta y uno	इकहत्तर	ikahattar
setenta y dos	बहत्तर	bahattar
setenta y tres	तिहत्तर	tihattar
ochenta	अस्सी	assī
ochenta y uno	इक्यासी	ikyāsī
ochenta y dos	बयासी	bayāsī
ochenta y tres	तिरासी	tirāsī
noventa	नब्बे	nabbe
noventa y uno	इक्यानवे	ikyānave
noventa y dos	बानवे	bānave
noventa y tres	तिरानवे	tirānave

5. Números cardinales. Unidad 2

cien	सौ	sau
doscientos	दो सौ	do sau
trescientos	तीन सौ	tīn sau
cuatrocientos	चार सौ	chār sau
quinientos	पाँच सौ	pānch sau
seiscientos	छह सौ	chhah sau
setecientos	सात सो	sāt so
ochocientos	आठ सौ	āth sau
novecientos	नौ सौ	nau sau
mil	एक हज़ार	ek hazār
dos mil	दो हज़ार	do hazār
tres mil	तीन हज़ार	tīn hazār
diez mil	दस हज़ार	das hazār
cien mil	एक लाख	ek lākh
millón (m)	दस लाख (m)	das lākh
mil millones	अरब (m)	arab

6. Números ordinales

primero (adj)	पहला	pahala
segundo (adj)	दूसरा	dūsara
tercero (adj)	तीसरा	tīsara
cuarto (adj)	चौथा	chautha
quinto (adj)	पाँचवाँ	pānchavān
sexto (adj)	छठा	chhatha
séptimo (adj)	सातवाँ	sātavān
octavo (adj)	आठवाँ	āthavān
noveno (adj)	नौवाँ	nauvān
décimo (adj)	दसवाँ	dasavān

7. Números. Fracciones

fracción (f)	अपूर्णांक (m)	apūrnānk
un medio	आधा	ādha
un tercio	एक तीहाई	ek tīhaī
un cuarto	एक चौथाई	ek chauthaī
un octavo	आठवां हिस्सा	āthavān hissa
un décimo	दसवां हिस्सा	dasavān hissa
dos tercios	दो तिहाई	do tihaī
tres cuartos	पौना	pauna

8. Números. Operaciones básicas

sustracción (f)	घटाव (m)	ghatāv
sustraer (vt)	घटाना	ghatāna
división (f)	विभाजन (m)	vibhājan
dividir (vt)	विभाजित करना	vibhājit karana
adición (f)	जोड़ (m)	jor
sumar (totalizar)	जोड़ करना	jor karana
adicionar (vt)	जोड़ना	jorana
multiplicación (f)	गुणन (m)	gunan
multiplicar (vt)	गुणा करना	guna karana

9. Números. Miscelánea

cifra (f)	अंक (m)	ank
número (m) (~ cardinal)	संख्या (f)	sankhya
numeral (m)	संख्यावाचक (m)	sankhyāvāchak
menos (m)	घटाव चिह्न (m)	ghatāv chihn
más (m)	जोड़ चिह्न (m)	jor chihn
fórmula (f)	फ़ारमूला (m)	fāramūla
cálculo (m)	गणना (f)	ganana
contar (vt)	गिनना	ginana

Español	Hindi	Transliteración
calcular (vt)	गिनती करना	ginatī karana
comparar (vt)	तुलना करना	tulana karana
¿Cuánto?	कितना?	kitana?
suma (f)	कुल (m)	kul
resultado (m)	नतीजा (m)	natīja
resto (m)	शेष (m)	shesh
algunos, algunas ...	कुछ	kuchh
poco (adv)	थोड़ा ...	thora ...
resto (m)	बाक़ी	bāqī
uno y medio	डेढ़	derh
docena (f)	दर्जन (m)	darjan
en dos	दो भागों में	do bhāgon men
en partes iguales	बराबर	barābar
mitad (f)	आधा (m)	ādha
vez (f)	बार (m)	bār

10. Los verbos más importantes. Unidad 1

abrir (vt)	खोलना	kholana
acabar, terminar (vt)	ख़त्म करना	khatm karana
aconsejar (vt)	सलाह देना	salāh dena
adivinar (vt)	अंदाज़ा लगाना	andāza lagāna
advertir (vt)	चेतावनी देना	chetāvanī dena
alabarse, jactarse (vr)	डींग मारना	ḍīng mārana
almorzar (vi)	दोपहर का भोजन करना	dopahar ka bhojan karana
alquilar (~ una casa)	किराए पर लेना	kirae par lena
amenazar (vt)	धमकाना	dhamakāna
arrepentirse (vr)	अफ़सोस जताना	afasos jatāna
ayudar (vt)	मदद करना	madad karana
bañarse (vr)	तैरना	tairana
bromear (vi)	मज़ाक करना	mazāk karana
buscar (vt)	तलाश करना	talāsh karana
caer (vi)	गिरना	girana
callarse (vr)	चुप रहना	chup rahana
cambiar (vt)	बदलना	badalana
castigar, punir (vt)	सज़ा देना	saza dena
cavar (vt)	खोदना	khodana
cazar (vi, vt)	शिकार करना	shikār karana
cenar (vi)	रात्रिभोज करना	rātribhoj karana
cesar (vt)	बंद करना	band karana
coger (vt)	पकड़ना	pakarana
comenzar (vt)	शुरू करना	shurū karana
comparar (vt)	तुलना करना	tulana karana
comprender (vt)	समझना	samajhana
confiar (vt)	यकीन करना	yakīn karana
confundir (vt)	गड़बड़ा जाना	garabara jāna
conocer (~ a alguien)	जानना	jānana

contar (vt) (enumerar)	गिनना	ginana
contar con ...	भरोसा रखना	bharosa rakhana
continuar (vt)	जारी रखना	jārī rakhana
controlar (vt)	नियंत्रित करना	niyantrit karana
correr (vi)	दौड़ना	daurana
costar (vt)	दाम होना	dām hona
crear (vt)	बनाना	banāna

11. Los verbos más importantes. Unidad 2

dar (vt)	देना	dena
dar una pista	इशारा करना	ishāra karana
decir (vt)	कहना	kahana
decorar (para la fiesta)	सजाना	sajāna

defender (vt)	रक्षा करना	raksha karana
dejar caer	गिराना	girāna
desayunar (vi)	नाश्ता करना	nāshta karana
descender (vi)	उतरना	utarana

dirigir (administrar)	प्रबंधन करना	prabandhan karana
disculparse (vr)	माफ़ी मांगना	māfī māngana
discutir (vt)	चर्चा करना	charcha karana
dudar (vt)	शक करना	shak karana

encontrar (hallar)	ढूंढना	dhūrhana
engañar (vi, vt)	धोखा देना	dhokha dena
entrar (vi)	अंदर आना	andar āna
enviar (vt)	भेजना	bhejana

equivocarse (vr)	गलती करना	galatī karana
escoger (vt)	चुनना	chunana
esconder (vt)	छिपाना	chhipāna
escribir (vt)	लिखना	likhana
esperar (aguardar)	इंतज़ार करना	intazār karana

esperar (tener esperanza)	आशा करना	āsha karana
estar de acuerdo	राज़ी होना	rāzī hona
estudiar (vt)	पढ़ाई करना	parhaī karana

exigir (vt)	माँगना	māngana
existir (vi)	होना	hona
explicar (vt)	समझाना	samajhāna
faltar (a las clases)	ग़ैर-हाज़िर होना	gair-hāzir hona
firmar (~ el contrato)	हस्ताक्षर करना	hastākshar karana

girar (~ a la izquierda)	मुड़ जाना	mur jāna
gritar (vi)	चिल्लाना	chillāna
guardar (conservar)	रखना	rakhana
gustar (vi)	पसंद करना	pasand karana
hablar (vi, vt)	बोलना	bolana

| hacer (vt) | करना | karana |
| informar (vt) | खबर देना | khabar dena |

insistir (vi)	आग्रह करना	āgrah karana
insultar (vt)	अपमान करना	apamān karana
interesarse (vr)	रुचि लेना	ruchi lena
invitar (vt)	आमंत्रित करना	āmantrit karana
ir (a pie)	जाना	jāna
jugar (divertirse)	खेलना	khelana

12. Los verbos más importantes. Unidad 3

leer (vi, vt)	पढ़ना	parhana
liberar (ciudad, etc.)	आज़ाद करना	āzād karana
llamar (por ayuda)	बुलाना	bulāna
llegar (vi)	पहुँचना	pahunchana
llorar (vi)	रोना	rona
matar (vt)	मार डालना	mār dālana
mencionar (vt)	उल्लेख करना	ullekh karana
mostrar (vt)	दिखाना	dikhāna
nadar (vi)	तैरना	tairana
negarse (vr)	इन्कार करना	inkār karana
objetar (vt)	एतराज़ करना	etarāz karana
observar (vt)	देखना	dekhana
oír (vt)	सुनना	sunana
olvidar (vt)	भूलना	bhūlana
orar (vi)	दुआ देना	dua dena
ordenar (mil.)	हुक्म देना	hukm dena
pagar (vi, vt)	दाम चुकाना	dām chukāna
pararse (vr)	रुकना	rukana
participar (vi)	भाग लेना	bhāg lena
pedir (ayuda, etc.)	माँगना	māngana
pedir (en restaurante)	ऑर्डर करना	ordar karana
pensar (vi, vt)	सोचना	sochana
percibir (ver)	देखना	dekhana
perdonar (vt)	क्षमा करना	kshama karana
permitir (vt)	अनुमति देना	anumati dena
pertenecer a …	स्वामी होना	svāmī hona
planear (vt)	योजना बनाना	yojana banāna
poder (v aux)	सकना	sakana
poseer (vt)	मालिक होना	mālik hona
preferir (vt)	तरजीह देना	tarajīh dena
preguntar (vt)	पूछना	pūchhana
preparar (la cena)	खाना बनाना	khāna banāna
prever (vt)	उम्मीद करना	ummīd karana
probar, tentar (vt)	कोशिश करना	koshish karana
prometer (vt)	वचन देना	vachan dena
pronunciar (vt)	उच्चारण करना	uchchāran karana
proponer (vt)	प्रस्ताव रखना	prastāv rakhana

quebrar (vt)	तोड़ना	torana
quejarse (vr)	शिकायत करना	shikāyat karana
querer (amar)	प्यार करना	pyār karana
querer (desear)	चाहना	chāhana

13. Los verbos más importantes. Unidad 4

recomendar (vt)	सिफ़ारिश करना	sifārish karana
regañar, reprender (vt)	डाँटना	dāntana
reírse (vr)	हंसना	hansana
repetir (vt)	दोहराना	doharāna
reservar (~ una mesa)	बुक करना	buk karana
responder (vi, vt)	जवाब देना	javāb dena
robar (vt)	चुराना	churāna
saber (~ algo mas)	मालूम होना	mālūm hona
salir (vi)	बाहर जाना	bāhar jāna
salvar (vt)	बचाना	bachāna
seguir ...	पीछे चलना	pīchhe chalana
sentarse (vr)	बैठना	baithana
ser necesario	आवश्यक होना	āvashyak hona
ser, estar (vi)	होना	hona
significar (vt)	अर्थ होना	arth hona
sonreír (vi)	मुस्कुराना	muskurāna
sorprenderse (vr)	हैरान होना	hairān hona
subestimar (vt)	कम मूल्यांकन करना	kam mūlyānkan karana
tener (vt)	होना	hona
tener hambre	भूख लगना	bhūkh lagana
tener miedo	डरना	darana
tener prisa	जल्दी करना	jaldī karana
tener sed	प्यास लगना	pyās lagana
tirar, disparar (vi)	गोली चलाना	golī chalāna
tocar (con las manos)	छूना	chhūna
tomar (vt)	लेना	lena
tomar nota	लिख लेना	likh lena
trabajar (vi)	काम करना	kām karana
traducir (vt)	अनुवाद करना	anuvād karana
unir (vt)	संयुक्त करना	sanyukt karana
vender (vt)	बेचना	bechana
ver (vt)	देखना	dekhana
volar (pájaro, avión)	उड़ना	urana

14. Los colores

color (m)	रंग (m)	rang
matiz (m)	रंग (m)	rang
tono (m)	रंग (m)	rang
arco (m) iris	इन्द्रधनुष (f)	indradhanush

blanco (adj)	सफ़ेद	safed
negro (adj)	काला	kāla
gris (adj)	धूसर	dhūsar

verde (adj)	हरा	hara
amarillo (adj)	पीला	pīla
rojo (adj)	लाल	lāl

azul (adj)	नीला	nīla
azul claro (adj)	हल्का नीला	halka nīla
rosa (adj)	गुलाबी	gulābī
naranja (adj)	नारंगी	nārangī
violeta (adj)	बैंगनी	bainganī
marrón (adj)	भूरा	bhūra

| dorado (adj) | सुनहरा | sunahara |
| argentado (adj) | चाँदी-जैसा | chāndī-jaisa |

beige (adj)	हल्का भूरा	halka bhūra
crema (adj)	क्रीम	krīm
turquesa (adj)	फ़ीरोज़ी	fīrozī
rojo cereza (adj)	चेरी जैसा लाल	cherī jaisa lāl
lila (adj)	हल्का बैंगनी	halka bainganī
carmesí (adj)	गहरा लाल	gahara lāl

claro (adj)	हल्का	halka
oscuro (adj)	गहरा	gahara
vivo (adj)	चमकीला	chamakīla

de color (lápiz ~)	रंगीन	rangīn
en colores (película ~)	रंगीन	rangīn
blanco y negro (adj)	काला-सफ़ेद	kāla-safed
unicolor (adj)	एक रंग का	ek rang ka
multicolor (adj)	बहुरंगी	bahurangī

15. Las preguntas

¿Quién?	कौन?	kaun?
¿Qué?	क्या?	kya?
¿Dónde?	कहाँ?	kahān?
¿Adónde?	किधर?	kidhar?
¿De dónde?	कहाँ से?	kahān se?
¿Cuándo?	कब?	kab?
¿Para qué?	क्यों?	kyon?
¿Por qué?	क्यों?	kyon?

¿Por qué razón?	किस लिये?	kis liye?
¿Cómo?	कैसे?	kaise?
¿Qué ...? (~ color)	कौन-सा?	kaun-sa?
¿Cuál?	कौन-सा?	kaun-sa?

¿A quién?	किसको?	kisako?
¿De quién? (~ hablan ...)	किसके बारे में?	kisake bāre men?
¿De qué?	किसके बारे में?	kisake bāre men?

¿Con quién?	किसके?	kisake?
¿Cuánto?	कितना?	kitana?
¿De quién? (~ es este …)	किसका?	kisaka?

16. Las preposiciones

con … (~ algn)	के साथ	ke sāth
sin … (~ azúcar)	के बिना	ke bina
a … (p.ej. voy a México)	की तरफ़	kī taraf
de … (hablar ~)	के बारे में	ke bāre men
antes de …	के पहले	ke pahale
delante de …	के सामने	ke sāmane
debajo	के नीचे	ke nīche
sobre …, encima de …	के ऊपर	ke ūpar
en, sobre (~ la mesa)	पर	par
de (origen)	से	se
de (fabricado de)	से	se
dentro de …	में	men
encima de …	के ऊपर चढ़कर	ke ūpar charhakar

17. Las palabras útiles. Los adverbios. Unidad 1

¿Dónde?	कहाँ?	kahān?
aquí (adv)	यहाँ	yahān
allí (adv)	वहां	vahān
en alguna parte	कहीं	kahīn
en ninguna parte	कहीं नहीं	kahīn nahin
junto a …	के पास	ke pās
junto a la ventana	खिड़की के पास	khirakī ke pās
¿A dónde?	किधर?	kidhar?
aquí (venga ~)	इधर	idhar
allí (vendré ~)	उधर	udhar
de aquí (adv)	यहां से	yahān se
de allí (adv)	वहां से	vahān se
cerca (no lejos)	पास	pās
lejos (adv)	दूर	dūr
cerca de …	निकट	nikat
al lado (de …)	पास	pās
no lejos (adv)	दूर नहीं	dūr nahin
izquierdo (adj)	बायाँ	bāyān
a la izquierda (situado ~)	बायीं तरफ़	bāyīn taraf
a la izquierda (girar ~)	बायीं तरफ़	bāyīn taraf
derecho (adj)	दायां	dāyān
a la derecha (situado ~)	दायीं तरफ़	dāyīn taraf

a la derecha (girar)	दायीं तरफ़	dāyīn taraf
delante (yo voy ~)	सामने	sāmane
delantero (adj)	सामने का	sāmane ka
adelante (movimiento)	आगे	āge
detrás de ...	पीछे	pīchhe
desde atrás	पीछे से	pīchhe se
atrás (da un paso ~)	पीछे	pīchhe
centro (m), medio (m)	बीच (m)	bīch
en medio (adv)	बीच में	bīch men
de lado (adv)	कोने में	kone men
en todas partes	सभी	sabhī
alrededor (adv)	आस-पास	ās-pās
de dentro (adv)	अंदर से	andar se
a alguna parte	कहीं	kahīn
todo derecho (adv)	सीधे	sīdhe
atrás (muévelo para ~)	वापस	vāpas
de alguna parte (adv)	कहीं से भी	kahīn se bhī
no se sabe de dónde	कहीं से	kahīn se
primero (adv)	पहले	pahale
segundo (adv)	दूसरा	dūsara
tercero (adv)	तीसरा	tīsara
de súbito (adv)	अचानक	achānak
al principio (adv)	शुरू में	shurū men
por primera vez	पहली बार	pahalī bār
mucho tiempo antes ...	बहुत समय पहले ...	bahut samay pahale ...
de nuevo (adv)	नई शुरूआत	naī shurūāt
para siempre (adv)	हमेशा के लिए	hamesha ke lie
jamás, nunca (adv)	कभी नहीं	kabhī nahin
de nuevo (adv)	फिर से	fir se
ahora (adv)	अब	ab
frecuentemente (adv)	अकसर	akasar
entonces (adv)	तब	tab
urgentemente (adv)	तत्काल	tatkāl
usualmente (adv)	आमतौर पर	āmataur par
a propósito, ...	प्रसंगवश	prasangavash
es probable	मुमकिन	mumakin
probablemente (adv)	संभव	sambhav
tal vez	शायद	shāyad
además ...	इस के अलावा	is ke alāva
por eso ...	इस लिए	is lie
a pesar de ...	फिर भी ...	fir bhī ...
gracias a ...	... की मेहरबानी से	... kī meharabānī se
qué (pron)	क्या	kya
que (conj)	कि	ki
algo (~ le ha pasado)	कुछ	kuchh
algo (~ así)	कुछ भी	kuchh bhī

nada (f)	कुछ नहीं	kuchh nahin
quien	कौन	kaun
alguien (viene ~)	कोई	koī
alguien (¿ha llamado ~?)	कोई	koī
nadie	कोई नहीं	koī nahin
a ninguna parte	कहीं नहीं	kahīn nahin
de nadie	किसी का नहीं	kisī ka nahin
de alguien	किसी का	kisī ka
tan, tanto (adv)	कितना	kitana
también (~ habla francés)	भी	bhī
también (p.ej. Yo ~)	भी	bhī

18. Las palabras útiles. Los adverbios. Unidad 2

¿Por qué?	क्यों?	kyon?
no se sabe porqué	किसी कारणवश	kisī kāranavash
porque ...	क्यों कि ...	kyon ki ...
por cualquier razón (adv)	किसी वजह से	kisī vajah se
y (p.ej. uno y medio)	और	aur
o (p.ej. té o café)	या	ya
pero (p.ej. me gusta, ~)	लेकिन	lekin
para (p.ej. es para ti)	के लिए	ke lie
demasiado (adv)	ज़्यादा	zyāda
sólo, solamente (adv)	सिर्फ़	sirf
exactamente (adv)	ठीक	thīk
unos ..., cerca de ... (~ 10 kg)	करीब	karīb
aproximadamente	लगभग	lagabhag
aproximado (adj)	अनुमानित	anumānit
casi (adv)	करीब	karīb
resto (m)	बाक़ी	bāqī
cada (adj)	हर एक	har ek
cualquier (adj)	कोई	koī
mucho (adv)	बहुत	bahut
muchos (mucha gente)	बहुत लोग	bahut log
todos	सभी	sabhī
a cambio de ...	... के बदले में	... ke badale men
en cambio (adv)	की जगह	kī jagah
a mano (hecho ~)	हाथ से	hāth se
poco probable	शायद ही	shāyad hī
probablemente	शायद	shāyad
a propósito (adv)	जानबूझकर	jānabūjhakar
por accidente (adv)	संयोगवश	sanyogavash
muy (adv)	बहुत	bahut
por ejemplo (adv)	उदाहरण के लिए	udāharan ke lie

entre (~ nosotros)	के बीच	ke bīch
entre (~ otras cosas)	में	men
tanto (~ gente)	इतना	itana
especialmente (adv)	ख़ासतौर पर	khāsataur par

Conceptos básicos. Unidad 2

19. Los días de la semana

lunes (m)	सोमवार (m)	somavār
martes (m)	मंगलवार (m)	mangalavār
miércoles (m)	बुधवार (m)	budhavār
jueves (m)	गुरूवार (m)	gurūvār
viernes (m)	शुक्रवार (m)	shukravār
sábado (m)	शनिवार (m)	shanivār
domingo (m)	रविवार (m)	ravivār
hoy (adv)	आज	āj
mañana (adv)	कल	kal
pasado mañana	परसों	parason
ayer (adv)	कल	kal
anteayer (adv)	परसों	parason
día (m)	दिन (m)	din
día (m) de trabajo	कार्यदिवस (m)	kāryadivas
día (m) de fiesta	सार्वजनिक छुट्टी (f)	sārvajanik chhuttī
día (m) de descanso	छुट्टी का दिन (m)	chhuttī ka din
fin (m) de semana	सप्ताहांत (m)	saptāhānt
todo el día	सारा दिन	sāra din
al día siguiente	अगला दिन	agala din
dos días atrás	दो दिन पहले	do din pahale
en vísperas (adv)	एक दिन पहले	ek din pahale
diario (adj)	दैनिक	dainik
cada día (adv)	हर दिन	har din
semana (f)	हफ़्ता (f)	hafata
semana (f) pasada	पिछले हफ़्ते	pichhale hafate
semana (f) que viene	अगले हफ़्ते	agale hafate
semanal (adj)	सप्ताहिक	saptāhik
cada semana (adv)	हर हफ़्ते	har hafate
2 veces por semana	हफ़्ते में दो बार	hafate men do bār
todos los martes	हर मंगलवार को	har mangalavār ko

20. Las horas. El día y la noche

mañana (f)	सुबह (m)	subah
por la mañana	सुबह में	subah men
mediodía (m)	दोपहर (m)	dopahar
por la tarde	दोपहर में	dopahar men
noche (f)	शाम (m)	shām
por la noche	शाम में	shām men

noche (f) (p.ej. 2:00 a.m.)	रात (f)	rāt
por la noche	रात में	rāt men
medianoche (f)	आधी रात (f)	ādhī rāt
segundo (m)	सेकन्ड (m)	sekand
minuto (m)	मिनट (m)	minat
hora (f)	घंटा (m)	ghanta
media hora (f)	आधा घंटा	ādha ghanta
cuarto (m) de hora	सवा	sava
quince minutos	पंद्रह मीनट	pandrah mīnat
veinticuatro horas	24 घंटे (m)	chaubīs ghante
salida (f) del sol	सूर्योदय (m)	sūryoday
amanecer (m)	सूर्योदय (m)	sūryoday
madrugada (f)	प्रातःकाल (m)	prātahkāl
puesta (f) del sol	सूर्यास्त (m)	sūryāst
de madrugada	सुबह-सवेरे	subah-savere
esta mañana	इस सुबह	is subah
mañana por la mañana	कल सुबह	kal subah
esta tarde	आज शाम	āj shām
por la tarde	दोपहर में	dopahar men
mañana por la tarde	कल दोपहर	kal dopahar
esta noche (p.ej. 8:00 p.m.)	आज शाम	āj shām
mañana por la noche	कल रात	kal rāt
a las tres en punto	ठीक तीन बजे में	thīk tīn baje men
a eso de las cuatro	लगभग चार बजे	lagabhag chār baje
para las doce	बारह बजे तक	bārah baje tak
dentro de veinte minutos	बीस मीनट में	bīs mīnat men
dentro de una hora	एक घंटे में	ek ghante men
a tiempo (adv)	ठीक समय पर	thīk samay par
… menos cuarto	पौने … बजे	paune … baje
durante una hora	एक घंटे के अंदर	ek ghante ke andar
cada quince minutos	हर पंद्रह मीनट	har pandrah mīnat
día y noche	दिन-रात (m pl)	din-rāt

21. Los meses. Las estaciones

enero (m)	जनवरी (m)	janavarī
febrero (m)	फ़रवरी (m)	faravarī
marzo (m)	मार्च (m)	mārch
abril (m)	अप्रैल (m)	aprail
mayo (m)	माई (m)	maī
junio (m)	जून (m)	jūn
julio (m)	जुलाई (m)	julaī
agosto (m)	अगस्त (m)	agast
septiembre (m)	सितम्बर (m)	sitambar
octubre (m)	अक्तूबर (m)	aktūbar

noviembre (m)	नवम्बर (m)	navambar
diciembre (m)	दिसम्बर (m)	disambar
primavera (f)	वसन्त (m)	vasant
en primavera	वसन्त में	vasant men
de primavera (adj)	वसन्त	vasant
verano (m)	गरमी (f)	garamī
en verano	गरमियों में	garamiyon men
de verano (adj)	गरमी	garamī
otoño (m)	शरद (m)	sharad
en otoño	शरद में	sharad men
de otoño (adj)	शरद	sharad
invierno (m)	सर्दी (f)	sardī
en invierno	सर्दियों में	sardiyon men
de invierno (adj)	सर्दी	sardī
mes (m)	महीना (m)	mahīna
este mes	इस महीने	is mahīne
al mes siguiente	अगले महीने	agale mahīne
el mes pasado	पिछले महीने	pichhale mahīne
hace un mes	एक महीने पहले	ek mahīne pahale
dentro de un mes	एक महीने में	ek mahīne men
dentro de dos meses	दो महीने में	do mahīne men
todo el mes	पूरे महीने	pūre mahīne
todo un mes	पूरे महीने	pūre mahīne
mensual (adj)	मासिक	māsik
mensualmente (adv)	हर महीने	har mahīne
cada mes	हर महीने	har mahīne
dos veces por mes	महिने में दो बार	mahine men do bār
año (m)	वर्ष (m)	varsh
este año	इस साल	is sāl
el próximo año	अगले साल	agale sāl
el año pasado	पिछले साल	pichhale sāl
hace un año	एक साल पहले	ek sāl pahale
dentro de un año	एक साल में	ek sāl men
dentro de dos años	दो साल में	do sāl men
todo el año	पूरा साल	pūra sāl
todo un año	पूरा साल	pūra sāl
cada año	हर साल	har sāl
anual (adj)	वार्षिक	vārshik
anualmente (adv)	वार्षिक	vārshik
cuatro veces por año	साल में चार बार	sāl men chār bār
fecha (f) (la ~ de hoy es …)	तारीख़ (f)	tārīkh
fecha (f) (~ de entrega)	तारीख़ (f)	tārīkh
calendario (m)	कैलेन्डर (m)	kailendar
medio año (m)	आधे वर्ष (m)	ādhe varsh
seis meses	छमाही (f)	chhamāhī

| estación (f) | मौसम (m) | mausam |
| siglo (m) | शताब्दी (f) | shatābadī |

22. Las unidades de medida

peso (m)	वज़न (m)	vazan
longitud (f)	लम्बाई (f)	lambaī
anchura (f)	चौड़ाई (f)	chauraī
altura (f)	ऊंचाई (f)	ūnchaī
profundidad (f)	गहराई (f)	gaharaī
volumen (m)	घनत्व (f)	ghanatv
área (f)	क्षेत्रफल (m)	kshetrafal

gramo (m)	ग्राम (m)	grām
miligramo (m)	मिलीग्राम (m)	milīgrām
kilogramo (m)	किलोग्राम (m)	kilogrām
tonelada (f)	टन (m)	tan
libra (f)	पौण्ड (m)	paund
onza (f)	औन्स (m)	auns

metro (m)	मीटर (m)	mītar
milímetro (m)	मिलीमीटर (m)	milīmītar
centímetro (m)	सेंटीमीटर (m)	senṭīmītar
kilómetro (m)	किलोमीटर (m)	kilomītar
milla (f)	मील (m)	mīl

pulgada (f)	इंच (m)	inch
pie (m)	फुट (m)	fut
yarda (f)	गज (m)	gaj

| metro (m) cuadrado | वर्ग मीटर (m) | varg mītar |
| hectárea (f) | हेक्टेयर (m) | hekteyar |

litro (m)	लीटर (m)	līṭar
grado (m)	डिग्री (m)	digrī
voltio (m)	वोल्ट (m)	volt
amperio (m)	ऐम्पेयर (m)	aimpeyar
caballo (m) de fuerza	अश्व शक्ति (f)	ashv shakti

cantidad (f)	मात्रा (f)	mātra
un poco de …	कुछ …	kuchh …
mitad (f)	आधा (m)	ādha

| docena (f) | दर्जन (m) | darjan |
| pieza (f) | टुकड़ा (m) | tukara |

| dimensión (f) | माप (m) | māp |
| escala (f) (del mapa) | पैमाना (m) | paimāna |

mínimo (adj)	न्यूनतम	nyūnatam
el más pequeño (adj)	सब से छोटा	sab se chhota
medio (adj)	मध्य	madhy
máximo (adj)	अधिकतम	adhikatam
el más grande (adj)	सबसे बड़ा	sabase bara

23. Contenedores

Español	Hindi	Transliteración
tarro (m) de vidrio	शीशी (f)	shīshī
lata (f)	डिब्बा (m)	dibba
cubo (m)	बाल्टी (f)	bāltī
barril (m)	पीपा (m)	pīpa
palangana (f)	चिलमची (f)	chilamachī
tanque (m)	कुण्ड (m)	kund
petaca (f) (de alcohol)	फ्लास्क (m)	flāsk
bidón (m) de gasolina	जेरिकैन (m)	jerikain
cisterna (f)	टंकी (f)	tankī
taza (f) (mug de cerámica)	मग (m)	mag
taza (f) (~ de café)	प्याली (f)	pyālī
platillo (m)	सॉसर (m)	sosar
vaso (m) (~ de agua)	गिलास (m)	gilās
copa (f) (~ de vino)	वाइन गिलास (m)	vain gilās
olla (f)	सॉसपैन (m)	sosapain
botella (f)	बोतल (f)	botal
cuello (m) de botella	गला (m)	gala
garrafa (f)	जग (m)	jag
jarro (m) (~ de agua)	सुराही (f)	surāhī
recipiente (m)	बरतन (m)	baratan
tarro (m)	घड़ा (m)	ghara
florero (m)	फूलदान (m)	fūladān
frasco (m) (~ de perfume)	शीशी (f)	shīshī
frasquito (m)	शीशी (f)	shīshī
tubo (m)	ट्यूब (m)	tyūb
saco (m) (~ de azúcar)	थैला (m)	thaila
bolsa (f) (~ plástica)	थैली (f)	thailī
paquete (m) (~ de cigarrillos)	पैकेट (f)	paiket
caja (f)	डिब्बा (m)	dibba
cajón (m) (~ de madera)	डिब्बा (m)	dibba
cesta (f)	टोकरी (f)	tokarī

EL SER HUMANO

El ser humano. El cuerpo

24. La cabeza

cabeza (f)	सिर (m)	sir
cara (f)	चेहरा (m)	chehara
nariz (f)	नाक (f)	nāk
boca (f)	मुँह (m)	munh
ojo (m)	आँख (f)	ānkh
ojos (m pl)	आँखें (f)	ānkhen
pupila (f)	आँख की पुतली (f)	ānkh kī putalī
ceja (f)	भौंह (f)	bhaunh
pestaña (f)	बरौनी (f)	baraunī
párpado (m)	पलक (m)	palak
lengua (f)	जीभ (m)	jībh
diente (m)	दाँत (f)	dānt
labios (m pl)	होंठ (m)	honth
pómulos (m pl)	गाल की हड्डी (f)	gāl kī haddī
encía (f)	मसूड़ा (m)	masūra
paladar (m)	तालु (m)	tālu
ventanas (f pl)	नथने (m pl)	nathane
mentón (m)	ठोड़ी (f)	thorī
mandíbula (f)	जबड़ा (m)	jabara
mejilla (f)	गाल (m)	gāl
frente (f)	माथा (m)	māthā
sien (f)	कनपट्टी (f)	kanapattī
oreja (f)	कान (m)	kān
nuca (f)	सिर का पिछला हिस्सा (m)	sir ka pichhala hissa
cuello (m)	गरदन (m)	garadan
garganta (f)	गला (m)	gala
pelo, cabello (m)	बाल (m pl)	bāl
peinado (m)	हेयरस्टाइल (m)	heyarastail
corte (m) de pelo	हेयरकट (m)	heyarakat
peluca (f)	नकली बाल (m)	nakalī bāl
bigote (m)	मूँछें (f pl)	mūnchhen
barba (f)	दाढ़ी (f)	dārhī
tener (~ la barba)	होना	hona
trenza (f)	चोटी (f)	chotī
patillas (f pl)	गलमुच्छा (m)	galamuchchha
pelirrojo (adj)	लाल बाल	lāl bāl
gris, canoso (adj)	सफ़ेद बाल	safed bāl

calvo (adj)	गंजा	ganja
calva (f)	गंजाई (f)	ganjaī
cola (f) de caballo	पोनी-टेल (f)	ponī-tel
flequillo (m)	बेंग (m)	beng

25. El cuerpo

mano (f)	हाथ (m)	hāth
brazo (m)	बाँह (m)	bānh

dedo (m)	ऊँगली (m)	ungalī
dedo (m) pulgar	अंगूठा (m)	angūtha
dedo (m) meñique	छोटी उंगली (f)	chhotī ungalī
uña (f)	नाखून (m)	nākhūn

puño (m)	मुट्ठी (m)	mutthī
palma (f)	हथेली (f)	hathelī
muñeca (f)	कलाई (f)	kalaī
antebrazo (m)	प्रकोष्ठ (m)	prakoshth
codo (m)	कोहनी (f)	kohanī
hombro (m)	कंधा (m)	kandha

pierna (f)	टाँग (f)	tāng
planta (f)	पैर का तलवा (m)	pair ka talava
rodilla (f)	घुटना (m)	ghutana
pantorrilla (f)	पिंडली (f)	pindalī
cadera (f)	जाँघ (f)	jāngh
talón (m)	एड़ी (f)	erī

cuerpo (m)	शरीर (m)	sharīr
vientre (m)	पेट (m)	pet
pecho (m)	सीना (m)	sīna
seno (m)	स्तन (f)	stan
lado (m), costado (m)	कूल्हा (m)	kūlha
espalda (f)	पीठ (f)	pīth
zona (f) lumbar	पीठ का निचला हिस्सा (m)	pīth ka nichala hissa
cintura (f), talle (m)	कमर (f)	kamar

ombligo (m)	नाभी (f)	nābhī
nalgas (f pl)	नितंब (m pl)	nitamb
trasero (m)	नितम्ब (m)	nitamb

lunar (m)	सौंदर्य चिन्ह (f)	saundary chinh
marca (f) de nacimiento	जन्म चिह्न (m)	janm chihn
tatuaje (m)	टैटू (m)	taitū
cicatriz (f)	घाव का निशान (m)	ghāv ka nishān

La ropa y los accesorios

26. La ropa exterior. Los abrigos

ropa (f)	कपड़े (m)	kapare
ropa (f) de calle	बाहरी पोशाक (m)	bāharī poshāk
ropa (f) de invierno	सर्दियों की पोशक (f)	sardiyon kī poshak
abrigo (m)	ओवरकोट (m)	ovarakot
abrigo (m) de piel	फरकोट (m)	farakot
abrigo (m) corto de piel	फ़र की जैकेट (f)	far kī jaiket
chaqueta (f) plumón	फ़ेदर कोट (m)	fedar kot
cazadora (f)	जैकेट (f)	jaiket
impermeable (m)	बरसाती (f)	barasātī
impermeable (adj)	जलरोधक	jalarodhak

27. Ropa de hombre y mujer

camisa (f)	कमीज़ (f)	kamīz
pantalones (m pl)	पैंट (m)	paint
jeans, vaqueros (m pl)	जीन्स (m)	jīns
chaqueta (f), saco (m)	कोट (m)	kot
traje (m)	सूट (m)	sūt
vestido (m)	फ्रॉक (f)	frok
falda (f)	स्कर्ट (f)	skart
blusa (f)	ब्लाउज़ (f)	blauz
rebeca (f), chaqueta (f) de punto	कार्डिगन (f)	kārdigan
chaqueta (f)	जैकेट (f)	jaiket
camiseta (f) (T-shirt)	टी-शर्ट (f)	tī-shart
pantalones (m pl) cortos	शोट्‌र्स (m pl)	shorts
traje (m) deportivo	ट्रैक सूट (m)	traik sūt
bata (f) de baño	बाथ रोब (m)	bāth rob
pijama (m)	पजामा (m)	pajāma
suéter (m)	सूटर (m)	sūtar
pulóver (m)	पुलोवर (m)	pulovar
chaleco (m)	बण्डी (m)	bandī
frac (m)	टेल-कोट (m)	tel-kot
esmoquin (m)	डिनर-जैकेट (f)	dinar-jaiket
uniforme (m)	वर्दी (f)	vardī
ropa (f) de trabajo	वर्दी (f)	vardī
mono (m)	ओवरऑल्स (m)	ovarols
bata (f) (p. ej. ~ blanca)	कोट (m)	kot

28. La ropa. La ropa interior

ropa (f) interior	अंगवस्त्र (m)	angavastr
camiseta (f) interior	बनियान (f)	baniyān
calcetines (m pl)	मोज़े (m pl)	moze
camisón (m)	नाइट गाउन (m)	nait gaun
sostén (m)	ब्रा (f)	bra
calcetines (m pl) altos	घुटनों तक के मोज़े (m)	ghutanon tak ke moze
pantimedias (f pl)	टाइट्स (m pl)	taits
medias (f pl)	स्टाकिंग (m pl)	stāking
traje (m) de baño	स्विम सूट (m)	svim sūt

29. Gorras

gorro (m)	टोपी (f)	topī
sombrero (m) de fieltro	हैट (f)	hait
gorra (f) de béisbol	बैस्बॉल कैप (f)	baisbol kaip
gorra (f) plana	फ़्लैट कैप (f)	flait kaip
boina (f)	बेरेट (m)	beret
capuchón (m)	हूड (m)	hūd
panamá (m)	पनामा हैट (m)	panāma hait
gorro (m) de punto	बुनी हुई टोपी (f)	bunī huī topī
pañuelo (m)	सिर का स्कार्फ़ (m)	sir ka skārf
sombrero (m) de mujer	महिलाओं की टोपी (f)	mahilaon kī topī
casco (m) (~ protector)	हेलमेट (f)	helamet
gorro (m) de campaña	पुलिसीया टोपी (f)	pulisīya topī
casco (m) (~ de moto)	हेलमेट (f)	helamet
bombín (m)	बॉलर हैट (m)	bolar hait
sombrero (m) de copa	टॉप हैट (m)	top halt

30. El calzado

calzado (m)	पनही (f)	panahī
botas (f pl)	जूते (m pl)	jūte
zapatos (m pl) (~ de tacón bajo)	जूते (m pl)	jūte
botas (f pl) altas	बूट (m pl)	būt
zapatillas (f pl)	चप्पल (f pl)	chappal
tenis (m pl)	टेनिस के जूते (m)	tenis ke jūte
zapatillas (f pl) de lona	स्नीकर्स (m)	snīkars
sandalias (f pl)	सैन्डल (f)	saindal
zapatero (m)	मोची (m)	mochī
tacón (m)	एड़ी (f)	erī
par (m)	जोड़ा (m)	jora

cordón (m)	जूते का फ़ीता (m)	jūte ka fīta
encordonar (vt)	फ़ीता बाँधना	fīta bāndhana
calzador (m)	शू-होर्न (m)	shū-horn
betún (m)	बूट-पालिश (m)	būt-pālish

31. Accesorios personales

guantes (m pl)	दस्ताने (m pl)	dastāne
manoplas (f pl)	दस्ताने (m pl)	dastāne
bufanda (f)	मफ़लर (m)	mafalar
gafas (f pl)	ऐनक (m pl)	ainak
montura (f)	चश्मे का फ्रेम (m)	chashme ka frem
paraguas (m)	छतरी (f)	chhatarī
bastón (m)	छड़ी (f)	chharī
cepillo (m) de pelo	ब्रश (m)	brash
abanico (m)	पंखा (m)	pankha
corbata (f)	टाई (f)	taī
pajarita (f)	बो टाई (f)	bo taī
tirantes (m pl)	पतलून बाँधने का फ़ीता (m)	patalūn bāndhane ka fīta
moquero (m)	रूमाल (m)	rūmāl
peine (m)	कंघा (m)	kangha
pasador (m) de pelo	बालपिन (f)	bālapin
horquilla (f)	हेयरक्लीप (f)	heyaraklīp
hebilla (f)	बकसुआ (m)	bakasua
cinturón (m)	बेल्ट (m)	belt
correa (f) (de bolso)	कंधे का पट्टा (m)	kandhe ka patta
bolsa (f)	बैग (m)	baig
bolso (m)	पर्स (m)	pars
mochila (f)	बैकपैक (m)	baikapaik

32. La ropa. Miscelánea

moda (f)	फ़ैशन (m)	faishan
de moda (adj)	प्रचलन में	prachalan men
diseñador (m) de moda	फ़ैशन डिज़ाइनर (m)	faishan dizainar
cuello (m)	कॉलर (m)	kolar
bolsillo (m)	जेब (m)	jeb
de bolsillo (adj)	जेब	jeb
manga (f)	आस्तीन (f)	āstīn
presilla (f)	हैंगिंग लूप (f)	hainging lūp
brageta (f)	ज़िप (f)	zip
cremallera (f)	ज़िप (f)	zip
cierre (m)	हुक (m)	huk
botón (m)	बटन (m)	batan
ojal (m)	बटन का काज (m)	batan ka kāj

saltar (un botón)	निकल जाना	nikal jāna
coser (vi, vt)	सीना	sīna
bordar (vt)	काढ़ना	kārhana
bordado (m)	कढ़ाई (f)	karhaī
aguja (f)	सूई (f)	sūī
hilo (m)	धागा (m)	dhāga
costura (f)	सीवन (m)	sīvan
ensuciarse (vr)	मैला होना	maila hona
mancha (f)	धब्बा (m)	dhabba
arrugarse (vr)	शिकन पड़ जाना	shikan par jāna
rasgar (vt)	फट जाना	fat jāna
polilla (f)	कपड़ों के कीड़े (m)	kaparon ke kīre

33. Productos personales. Cosméticos

pasta (f) de dientes	टूथपेस्ट (m)	tūthapest
cepillo (m) de dientes	टूथब्रश (m)	tūthabrash
limpiarse los dientes	दाँत साफ़ करना	dānt sāf karana
maquinilla (f) de afeitar	रेज़र (f)	rezar
crema (f) de afeitar	हजामत का क्रीम (m)	hajāmat ka krīm
afeitarse (vr)	शेव करना	shev karana
jabón (m)	साबुन (m)	sābun
champú (m)	शैम्पू (m)	shaimpū
tijeras (f pl)	कैंची (f pl)	kainchī
lima (f) de uñas	नाख़ून घिसनी (f)	nākhūn ghisanī
cortaúñas (m pl)	नाख़ून कतरनी (f)	nākhūn kataranī
pinzas (f pl)	ट्वीज़र्स (f)	tvīzars
cosméticos (m pl)	श्रृंगार-सामग्री (f)	shrrngār-sāmagrī
mascarilla (f)	चेहरे का लेप (m)	chehare ka lep
manicura (f)	मैनीक्योर (m)	mainīkyor
hacer la manicura	मैनीक्योर करवाना	mainīkyor karavāna
pedicura (f)	पेडिक्यूर (m)	pedikyūr
bolsa (f) de maquillaje	श्रृंगार थैली (f)	shrrngār thailī
polvos (m pl)	पाउडर (m)	paudar
polvera (f)	कॉम्पैक्ट पाउडर (m)	kompaikt paudar
colorete (m), rubor (m)	ब्लशर (m)	blashar
perfume (m)	ख़ुशबू (f)	khushabū
agua (f) de tocador	टायलेट वॉटर (m)	tāyalet votar
loción (f)	लोशन (m)	loshan
agua (f) de Colonia	कोलोन (m)	kolon
sombra (f) de ojos	आई-शैडो (m)	āī-shaido
lápiz (m) de ojos	आई-पेंसिल (f)	āī-pensil
rímel (m)	मस्कारा (m)	maskāra
pintalabios (m)	लिपस्टिक (m)	lipastik
esmalte (m) de uñas	नेल पॉलिश (f)	nel polish

| fijador (m) para el pelo | हेयर स्प्रे (m) | heyar spre |
| desodorante (m) | डिओडरेन्ट (m) | diodarent |

crema (f)	क्रीम (m)	krīm
crema (f) de belleza	चेहरे की क्रीम (f)	chehare kī krīm
crema (f) de manos	हाथ की क्रीम (f)	hāth kī krīm
crema (f) antiarrugas	एंटी रिंकल क्रीम (f)	entī rinkal krīm
de día (adj)	दिन का	din ka
de noche (adj)	रात का	rāt ka

tampón (m)	टैम्पन (m)	taimpan
papel (m) higiénico	टॉयलेट पेपर (m)	toyalet pepar
secador (m) de pelo	हेयर ड्रायर (m)	heyar drāyar

34. Los relojes

reloj (m)	घड़ी (f pl)	gharī
esfera (f)	डायल (m)	dāyal
aguja (f)	सुई (f)	suī
pulsera (f)	धातु से बनी घड़ी का पट्टा (m)	dhātu se banī gharī ka patta
correa (f) (del reloj)	घड़ी का पट्टा (m)	gharī ka patta

pila (f)	बैटेरी (f)	baiterī
descargarse (vr)	ख़त्म हो जाना	khatm ho jāna
cambiar la pila	बैटेरी बदलना	baiterī badalana
adelantarse (vr)	तेज़ चलना	tez chalana
retrasarse (vr)	धीमी चलना	dhīmī chalana

reloj (m) de pared	दीवार-घड़ी (f pl)	dīvār-gharī
reloj (m) de arena	रेत-घड़ी (f pl)	ret-gharī
reloj (m) de sol	सूरज-घड़ी (f pl)	sūraj-gharī
despertador (m)	अलार्म घड़ी (f)	alārm gharī
relojero (m)	घड़ीसाज़ (m)	gharīsāz
reparar (vt)	मरम्मत करना	marammat karana

La comida y la nutrición

35. La comida

carne (f)	गोश्त (m)	gosht
gallina (f)	चीकन (m)	chīkan
pollo (m)	रॉक कोर्निश मुर्गी (f)	rok kornish murgī
pato (m)	बत्तख़ (f)	battakh
ganso (m)	हंस (m)	hans
caza (f) menor	शिकार के पशुपक्षी (f)	shikār ke pashupakshī
pava (f)	टर्की (m)	tarkī
carne (f) de cerdo	सुअर का गोश्त (m)	suar ka gosht
carne (f) de ternera	बछड़े का गोश्त (m)	bachhare ka gosht
carne (f) de carnero	भेड़ का गोश्त (m)	bher ka gosht
carne (f) de vaca	गाय का गोश्त (m)	gāy ka gosht
conejo (m)	ख़रगोश (m)	kharagosh
salchichón (m)	सॉसेज (f)	sosej
salchicha (f)	वियना सॉसेज (m)	viyana sosej
beicon (m)	बेकन (m)	bekan
jamón (m)	हैम (m)	haim
jamón (m) fresco	सुअर की जांघ (f)	suar kī jāngh
paté (m)	पिसा हुआ गोश्त (m)	pisa hua gosht
hígado (m)	जिगर (f)	jigar
carne (f) picada	कीमा (m)	kīma
lengua (f)	जीभ (m)	jībh
huevo (m)	अंडा (m)	anda
huevos (m pl)	अंडे (m pl)	ande
clara (f)	अंडे की सफ़ेदी (m)	ande kī safedī
yema (f)	अंडे की ज़र्दी (m)	ande kī zardī
pescado (m)	मछली (f)	machhalī
mariscos (m pl)	समुद्री खाना (m)	samudrī khāna
caviar (m)	मछली के अंडे (m)	machhalī ke ande
cangrejo (m) de mar	केकड़ा (m)	kekara
camarón (m)	चिंगड़ा (m)	chingara
ostra (f)	सीप (m)	sīp
langosta (f)	लोबस्टर (m)	lobastar
pulpo (m)	ओक्टोपस (m)	oktopas
calamar (m)	स्कीड (m)	skīd
esturión (m)	स्टर्जन (f)	starjan
salmón (m)	सालमन (m)	sālaman
fletán (m)	हैलिबट (f)	hailibat
bacalao (m)	कॉड (f)	kod
caballa (f)	माक्रैल (f)	mākrail

atún (m)	टूना (f)	tūna
anguila (f)	बाम मछली (f)	bām machhalī
trucha (f)	ट्राउट मछली (f)	traut machhalī
sardina (f)	सार्डीन (f)	sārdīn
lucio (m)	पाइक (f)	paik
arenque (m)	हेरिंग मछली (f)	hering machhalī
pan (m)	ब्रेड (f)	bred
queso (m)	पनीर (m)	panīr
azúcar (m)	चीनी (f)	chīnī
sal (f)	नमक (m)	namak
arroz (m)	चावल (m)	chāval
macarrones (m pl)	पास्ता (m)	pāsta
tallarines (m pl)	नूडल्स (m)	nūdals
mantequilla (f)	मक्खन (m)	makkhan
aceite (m) vegetal	तेल (m)	tel
aceite (m) de girasol	सूरजमुखी तेल (m)	sūrajamukhī tel
margarina (f)	नकली मक्खन (m)	nakalī makkhan
olivas, aceitunas (f pl)	जैतून (m)	jaitūn
aceite (m) de oliva	जैतून का तेल (m)	jaitūn ka tel
leche (f)	दूध (m)	dūdh
leche (f) condensada	रबड़ी (f)	rabarī
yogur (m)	दही (m)	dahī
nata (f) agria	खट्टी क्रीम (f)	khattī krīm
nata (f) líquida	मलाई (f pl)	malaī
mayonesa (f)	मेयोनेज़ (m)	meyonez
crema (f) de mantequilla	क्रीम (m)	krīm
cereales (m pl) integrales	अनाज के दाने (m)	anāj ke dāne
harina (f)	आटा (m)	āta
conservas (f pl)	डिब्बाबन्द खाना (m)	dibbāband khāna
copos (m pl) de maíz	कॉर्नफ्लेक्स (m)	kornafleks
miel (f)	शहद (m)	shahad
confitura (f)	जैम (m)	jaim
chicle (m)	चूइन्ग गम (m)	chūing gam

36. Las bebidas

agua (f)	पानी (m)	pānī
agua (f) potable	पीने का पानी (f)	pīne ka pānī
agua (f) mineral	मिनरल वॉटर (m)	minaral votar
sin gas	स्टिल वॉटर	stil votar
gaseoso (adj)	कार्बोनेटेड	kārboneted
con gas	स्पार्कलिंग	spārkaling
hielo (m)	बर्फ़ (m)	barf
con hielo	बर्फ़ के साथ	barf ke sāth

sin alcohol	शराब रहित	sharāb rahit
bebida (f) sin alcohol	कोल्ड ड्रिंक (f)	kold drink
refresco (m)	शीतलक ड्रिंक (f)	shītalak drink
limonada (f)	लेमोनेड (m)	lemoned

bebidas (f pl) alcohólicas	शराब (m pl)	sharāb
vino (m)	वाइन (f)	vain
vino (m) blanco	सफ़ेद वाइन (f)	safed vain
vino (m) tinto	लाल वाइन (f)	lāl vain

licor (m)	लिकर (m)	likar
champaña (f)	शैम्पेन (f)	shaimpen
vermú (m)	वर्माउथ (f)	varmauth

whisky (m)	विस्की (f)	viskī
vodka (m)	वोडका (m)	vodaka
ginebra (f)	जिन (f)	jin
coñac (m)	कोन्याक (m)	konyāk
ron (m)	रम (m)	ram

café (m)	कॉफ़ी (f)	kofī
café (m) solo	काली कॉफ़ी (f)	kālī kofī
café (m) con leche	दूध के साथ कॉफ़ी (f)	dūdh ke sāth kofī
capuchino (m)	कैपूचिनो (f)	kaipūchino
café (m) soluble	इन्सटेन्ट-काफ़ी (f)	insatent-kāfī

leche (f)	दूध (m)	dūdh
cóctel (m)	कॉकटेल (m)	kokatel
batido (m)	मिल्कशेक (m)	milkashek

zumo (m), jugo (m)	रस (m)	ras
jugo (m) de tomate	टमाटर का रस (m)	tamātar ka ras
zumo (m) de naranja	संतरे का रस (m)	santare ka ras
zumo (m) fresco	ताज़ा रस (m)	tāza ras

cerveza (f)	बियर (m)	biyar
cerveza (f) rubia	हल्का बियर (m)	halka biyar
cerveza (f) nogra	डार्क बियर (m)	dārk biyar

té (m)	चाय (f)	chāy
té (m) negro	काली चाय (f)	kālī chāy
té (m) verde	हरी चाय (f)	harī chāy

37. Las verduras

| legumbres (f pl) | सब्ज़ियाँ (f pl) | sabziyān |
| verduras (f pl) | हरी सब्ज़ियाँ (f) | harī sabziyān |

tomate (m)	टमाटर (m)	tamātar
pepino (m)	खीरा (m)	khīra
zanahoria (f)	गाजर (f)	gājar
patata (f)	आलू (m)	ālū
cebolla (f)	प्याज़ (m)	pyāz
ajo (m)	लहसुन (m)	lahasun

col (f)	पत्ता गोभी (f)	patta gobhī
coliflor (f)	फूल गोभी (f)	fūl gobhī
col (f) de Bruselas	ब्रसेल्स स्प्राउट्स (m)	brasels sprauts
brócoli (m)	ब्रोकोली (f)	brokolī
remolacha (f)	चुकन्दर (m)	chukandar
berenjena (f)	बैंगन (m)	baingan
calabacín (m)	तुरई (f)	turī
calabaza (f)	कद्दू	kaddū
nabo (m)	शलजम (f)	shalajam
perejil (m)	अजमोद (f)	ajamod
eneldo (m)	सोआ (m)	soa
lechuga (f)	सलाद पत्ता (m)	salād patta
apio (m)	सेलरी (m)	selarī
espárrago (m)	एस्पैरेगस (m)	espairegas
espinaca (f)	पालक (m)	pālak
guisante (m)	मटर (m)	matar
habas (f pl)	फली (f pl)	falī
maíz (m)	मकई (f)	makī
fréjol (m)	राजमा (f)	rājama
pimiento (m) dulce	शिमला मिर्च (m)	shimala mirch
rábano (m)	मूली (f)	mūlī
alcachofa (f)	हाथीचक (m)	hāthīchak

38. Las frutas. Las nueces

fruto (m)	फल (m)	fal
manzana (f)	सेब (m)	seb
pera (f)	नाशपाती (f)	nāshapātī
limón (m)	नींबू (m)	nīmbū
naranja (f)	संतरा (m)	santara
fresa (f)	स्ट्रॉबेरी (f)	stroberī
mandarina (f)	नारंगी (m)	nārangī
ciruela (f)	आलूबुखारा (m)	ālūbukhāra
melocotón (m)	आड़ू (m)	ārū
albaricoque (m)	खूबानी (f)	khūbānī
frambuesa (f)	रसभरी (f)	rasabharī
piña (f)	अनानास (m)	anānās
banana (f)	केला (m)	kela
sandía (f)	तरबूज़ (m)	tarabūz
uva (f)	अंगूर (m)	angūr
guinda (f), cereza (f)	चेरी (f)	cherī
melón (m)	खरबूज़ा (f)	kharabūza
pomelo (m)	ग्रेपफ्रूट (m)	grepafrūt
aguacate (m)	एवोकाडो (m)	evokādo
papaya (f)	पपीता (f)	papīta
mango (m)	आम (m)	ām
granada (f)	अनार (m)	anār

grosella (f) roja	लाल किशमिश (f)	lāl kishamish
grosella (f) negra	काली किशमिश (f)	kālī kishamish
grosella (f) espinosa	आमला (f)	āmala
arándano (m)	बिलबेरी (f)	bilaberī
zarzamoras (f pl)	ब्लैकबेरी (f)	blaikaberī

pasas (f pl)	किशमिश (m)	kishamish
higo (m)	अंजीर (m)	anjīr
dátil (m)	खजूर (m)	khajūr

cacahuete (m)	मूँगफली (m)	mūngafalī
almendra (f)	बादाम (f)	bādām
nuez (f)	अखरोट (m)	akharot
avellana (f)	हेज़लनट (m)	hezalanat
nuez (f) de coco	नारियल (m)	nāriyal
pistachos (m pl)	पिस्ता (m)	pista

39. El pan. Los dulces

pasteles (m pl)	मिठाई (f pl)	mithaī
pan (m)	ब्रेड (f)	bred
galletas (f pl)	बिस्कुट (m)	biskut

chocolate (m)	चॉकलेट (m)	chokalet
de chocolate (adj)	चॉकलेटी	chokaletī
caramelo (m)	टॉफ़ी (f)	tofī
tarta (f) (pequeña)	पेस्ट्री (f)	pestrī
tarta (f) (~ de cumpleaños)	केक (m)	kek

| tarta (f) (~ de manzana) | पाई (m) | paī |
| relleno (m) | फ़िलिंग (f) | filing |

confitura (f)	जैम (m)	jaim
mermelada (f)	मुरब्बा (m)	murabba
gofre (m)	बेफ़र (m pl)	vefar
helado (m)	आईस-क्रीम (f)	āīs-krīm

40. Los platos

plato (m)	पकवान (m)	pakavān
cocina (f)	व्यंजन (m)	vyanjan
receta (f)	रैसीपी (f)	raisīpī
porción (f)	भाग (m)	bhāg

| ensalada (f) | सलाद (m) | salād |
| sopa (f) | सूप (m) | sūp |

caldo (m)	यख़नी (f)	yakhanī
bocadillo (m)	सैन्डविच (m)	saindavich
huevos (m pl) fritos	आमलेट (m)	āmalet
hamburguesa (f)	हैमबर्गर (m)	haimabargar
bistec (m)	बीफ़स्टीक (m)	bīfastīk

guarnición (f)	साइड डिश (f)	said dish
espagueti (m)	स्पेघेटी (f)	speghetī
puré (m) de patatas	आलू भरता (f)	ālū bharata
pizza (f)	पीट्ज़ा (f)	pītza
gachas (f pl)	दलिया (f)	daliya
tortilla (f) francesa	आमलेट (m)	āmalet
cocido en agua (adj)	उबला	ubala
ahumado (adj)	धुएँ में पकाया हुआ	dhuen men pakāya hua
frito (adj)	भुना	bhuna
seco (adj)	सूखा	sūkha
congelado (adj)	फ्रोज़न	frozan
marinado (adj)	अचार	achār
azucarado, dulce (adj)	मीठा	mītha
salado (adj)	नमकीन	namakīn
frío (adj)	ठंडा	thanda
caliente (adj)	गरम	garam
amargo (adj)	कड़वा	karava
sabroso (adj)	स्वादिष्ट	svādisht
cocer en agua	उबलते पानी में पकाना	ubalate pānī men pakāna
preparar (la cena)	खाना बनाना	khāna banāna
freír (vt)	भूनना	bhūnana
calentar (vt)	गरम करना	garam karana
salar (vt)	नमक डालना	namak dālana
poner pimienta	मिर्च डालना	mirch dālana
rallar (vt)	कद्दूकश करना	kaddūkash karana
piel (f)	छिलका (f)	chhilaka
pelar (vt)	छिलका निकलना	chhilaka nikalana

41. Las especias

sal (f)	नमक (m)	namak
salado (adj)	नमकीन	namakīn
salar (vt)	नमक डालना	namak dālana
pimienta (f) negra	काली मिर्च (f)	kālī mirch
pimienta (f) roja	लाल मिर्च (m)	lāl mirch
mostaza (f)	सरसों (m)	sarason
rábano (m) picante	अरब मूली (f)	arab mūlī
condimento (m)	मसाला (m)	masāla
especia (f)	मसाला (m)	masāla
salsa (f)	चटनी (f)	chatanī
vinagre (m)	सिरका (m)	siraka
anís (m)	सौंफ़ (f)	saumf
albahaca (f)	तुलसी (f)	tulasī
clavo (m)	लौंग (m)	laung
jengibre (m)	अदरक (m)	adarak
cilantro (m)	धनिया (m)	dhaniya
canela (f)	दालचीनी (f)	dālachīnī

sésamo (m)	तिल (m)	til
hoja (f) de laurel	तेजपत्ता (m)	tejapatta
paprika (f)	लाल शिमला मिर्च पाउडर (m)	lāl shimala mirch paudar
comino (m)	जीरा (m)	zīra
azafrán (m)	ज़ाफ़रान (m)	zāfarān

42. Las comidas

comida (f)	खाना (m)	khāna
comer (vi, vt)	खाना खाना	khāna khāna
desayuno (m)	नाश्ता (m)	nāshta
desayunar (vi)	नाश्ता करना	nāshta karana
almuerzo (m)	दोपहर का भोजन (m)	dopahar ka bhojan
almorzar (vi)	दोपहर का भोजन करना	dopahar ka bhojan karana
cena (f)	रात्रिभोज (m)	rātribhoj
cenar (vi)	रात्रिभोज करना	rātribhoj karana
apetito (m)	भूख (f)	bhūkh
¡Que aproveche!	अपने भोजन का आनंद उठाएं!	apane bhojan ka ānand uthaen!
abrir (vt)	खोलना	kholana
derramar (líquido)	गिराना	girāna
derramarse (líquido)	गिराना	girāna
hervir (vi)	उबालना	ubālana
hervir (vt)	उबालना	ubālana
hervido (agua ~a)	उबला हुआ	ubala hua
enfriar (vt)	ठंडा करना	thanda karana
enfriarse (vr)	ठंडा करना	thanda karana
sabor (m)	स्वाद (m)	svād
regusto (m)	स्वाद (m)	svād
adelgazar (vi)	वज़न घटाना	vazan ghatānā
dieta (f)	डाइट (m)	dait
vitamina (f)	विटामिन (m)	vitāmin
caloría (f)	कैलोरी (f)	kailorī
vegetariano (m)	शाकाहारी (m)	shākāhārī
vegetariano (adj)	शाकाहारी	shākāhārī
grasas (f pl)	वसा (m pl)	vasa
proteínas (f pl)	प्रोटीन (m pl)	protīn
carbohidratos (m pl)	कार्बोहाइड्रेट (m)	kārbohaidret
loncha (f)	टुकड़ा (m)	tukara
pedazo (m)	टुकड़ा (m)	tukara
miga (f)	टुकड़ा (m)	tukara

43. Los cubiertos

cuchara (f)	चम्मच (m)	chammach
cuchillo (m)	छुरी (f)	chhurī

tenedor (m)	काँटा (m)	kānta
taza (f)	प्याला (m)	pyāla
plato (m)	तश्तरी (f)	tashtarī
platillo (m)	सॉसर (m)	sosar
servilleta (f)	नैपकीन (m)	naipakīn
mondadientes (m)	टूथपिक (m)	tūthapik

44. El restaurante

restaurante (m)	रेस्टरॉं (m)	restarān
cafetería (f)	कॉफ़ी हाउस (m)	kofī haus
bar (m)	बार (m)	bār
salón (m) de té	चायख़ाना (m)	chāyakhāna
camarero (m)	बैरा (m)	baira
camarera (f)	बैरी (f)	bairī
barman (m)	बारमैन (m)	bāramain
carta (f), menú (m)	मेनू (m)	menū
carta (f) de vinos	वाइन सूची (f)	vain sūchī
reservar una mesa	मेज़ बुक करना	mez buk karana
plato (m)	पकवान (m)	pakavān
pedir (vt)	आर्डर देना	ārdar dena
hacer un pedido	आर्डर देना	ārdar dena
aperitivo (m)	एपेरेतीफ़ (m)	eperetīf
entremés (m)	एपेटाइज़र (m)	epetaizar
postre (m)	मीठा (m)	mītha
cuenta (f)	बिल (m)	bil
pagar la cuenta	बील का भुगतान करना	bīl ka bhugatān karana
dar la vuelta	खुले पैसे देना	khule paise dena
propina (f)	टिप (f)	tip

La familia nuclear, los parientes y los amigos

45. La información personal. Los formularios

nombre (m)	पहला नाम (m)	pahala nām
apellido (m)	उपनाम (m)	upanām
fecha (f) de nacimiento	जन्म-दिवस (m)	janm-divas
lugar (m) de nacimiento	मातृभूमि (f)	mātrbhūmi
nacionalidad (f)	नागरिकता (f)	nāgarikata
domicilio (m)	निवास स्थान (m)	nivās sthān
país (m)	देश (m)	desh
profesión (f)	पेशा (m)	pesha
sexo (m)	लिंग (m)	ling
estatura (f)	क़द (m)	qad
peso (m)	वज़न (m)	vazan

46. Los familiares. Los parientes

madre (f)	माँ (f)	mān
padre (m)	पिता (m)	pita
hijo (m)	बेटा (m)	beta
hija (f)	बेटी (f)	betī
hija (f) menor	छोटी बेटी (f)	chhotī betī
hijo (m) menor	छोटा बेटा (m)	chhota beta
hija (f) mayor	बड़ी बेटी (f)	barī betī
hijo (m) mayor	बड़ा बेटा (m)	bara beta
hermano (m)	भाई (m)	bhaī
hermana (f)	बहन (f)	bahan
primo (m)	चचेरा भाई (m)	chachera bhaī
prima (f)	चचेरी बहन (f)	chacherī bahan
mamá (f)	अम्मा (f)	amma
papá (m)	पापा (m)	pāpa
padres (pl)	माँ-बाप (m pl)	mān-bāp
niño -a (m, f)	बच्चा (m)	bachcha
niños (pl)	बच्चे (m pl)	bachche
abuela (f)	दादी (f)	dādī
abuelo (m)	दादा (m)	dāda
nieto (m)	पोता (m)	pota
nieta (f)	पोती (f)	potī
nietos (pl)	पोते (m pl)	pote
tío (m)	चाचा (m)	chācha
tía (f)	चाची (f)	chāchī

sobrino (m)	भतीजा (m)	bhatīja
sobrina (f)	भतीजी (f)	bhatījī

suegra (f)	सास (f)	sās
suegro (m)	ससुर (m)	sasur
yerno (m)	दामाद (m)	dāmād
madrastra (f)	सौतेली माँ (f)	sautelī mān
padrastro (m)	सौतेले पिता (m)	sautele pita

niño (m) de pecho	दूधमुँहा बच्चा (m)	dudhamunha bachcha
bebé (m)	शिशु (f)	shishu
chico (m)	छोटा बच्चा (m)	chhota bachcha

mujer (f)	पत्नी (f)	patnī
marido (m)	पति (m)	pati
esposo (m)	पति (m)	pati
esposa (f)	पत्नी (f)	patnī

casado (adj)	शादीशुदा	shādīshuda
casada (adj)	शादीशुदा	shādīshuda
soltero (adj)	अविवाहित	avivāhit
soltero (m)	कुँआरा (m)	kunāra
divorciado (adj)	तलाक़शुदा	talāqashuda
viuda (f)	विधवा (f)	vidhava
viudo (m)	विधुर (m)	vidhur

pariente (m)	रिश्तेदार (m)	rishtedār
pariente (m) cercano	सम्बंधी (m)	sambandhī
pariente (m) lejano	दूर का रिश्तेदार (m)	dūr ka rishtedār
parientes (pl)	रिश्तेदार (m pl)	rishtedār

huérfano (m), huérfana (f)	अनाथ (m)	anāth
tutor (m)	अभिभावक (m)	abhibhāvak
adoptar (un niño)	लड़का गोद लेना	laraka god lena
adoptar (una niña)	लड़की गोद लेना	larakī god lena

La medicina

47. Las enfermedades

enfermedad (f)	बीमारी (f)	bīmārī
estar enfermo	बीमार होना	bīmār hona
salud (f)	सेहत (f)	sehat
resfriado (m) (coriza)	नज़ला (m)	nazala
angina (f)	टॉन्सिल (m)	tonsil
resfriado (m)	ज़ुकाम (f)	zukām
resfriarse (vr)	ज़ुकाम हो जाना	zukām ho jāna
bronquitis (f)	ब्रॉन्काइटिस (m)	bronkaitis
pulmonía (f)	निमोनिया (f)	nimoniya
gripe (f)	फ़्लू (m)	flū
miope (adj)	कमबीन	kamabīn
présbita (adj)	कमज़ोर दूरदृष्टि	kamazor dūradrshti
estrabismo (m)	तिरछी नज़र (m)	tirachhī nazar
estrábico (m) (adj)	तिरछी नज़रवाला	tirachhī nazaravāla
catarata (f)	मोतिया बिंद (m)	motiya bind
glaucoma (m)	काला मोतिया (m)	kāla motiya
insulto (m)	स्ट्रोक (m)	strok
ataque (m) cardiaco	दिल का दौरा (m)	dil ka daura
infarto (m) de miocardio	मायोकार्डियल इन्फ़ार्क्शन (m)	māyokārdiyal infārkshan
parálisis (f)	लकवा (m)	lakava
paralizar (vt)	लक़वा मारना	laqava mārana
alergia (f)	एलर्जी (f)	elarjī
asma (f)	दमा (f)	dama
diabetes (f)	शूगर (f)	shūgar
dolor (m) de muelas	दाँत दर्द (m)	dānt dard
caries (f)	दाँत में कीड़ा (m)	dānt men kīra
diarrea (f)	दस्त (m)	dast
estreñimiento (m)	कब्ज़ (m)	kabz
molestia (f) estomacal	पेट ख़राब (m)	pet kharāb
envenenamiento (m)	ख़राब खाने से हुई बीमारी (f)	kharāb khāne se huī bīmārī
envenenarse (vr)	ख़राब खाने से बीमार पड़ना	kharāb khāne se bīmār parana
artritis (f)	गठिया (m)	gathiya
raquitismo (m)	बालवक्र (m)	bālavakr
reumatismo (m)	आमवात (m)	āmavāt
ateroesclerosis (f)	धमनीकलाकाठिन्य (m)	dhamanīkalākāthiny
gastritis (f)	जठर-शोथ (m)	jathar-shoth
apendicitis (f)	उण्डुक-शोथ (m)	unduk-shoth

colecistitis (f)	पित्ताशय (m)	pittāshay
úlcera (f)	अल्सर (m)	alsar

sarampión (m)	मीज़ल्स (m)	mīzals
rubeola (f)	जर्मन मीज़ल्स (m)	jarman mīzals
ictericia (f)	पीलिया (m)	pīliya
hepatitis (f)	हेपेटाइटिस (m)	hepetaitis

esquizofrenia (f)	शीज़ोफ्रेनीय (f)	shīzofrenīy
rabia (f) (hidrofobia)	रेबीज़ (m)	rebīz
neurosis (f)	न्यूरोसिस (m)	nyūrosis
conmoción (f) cerebral	आघात (m)	āghāt

cáncer (m)	कर्क रोग (m)	kark rog
esclerosis (f)	काठिन्य (m)	kāthiny
esclerosis (m) múltiple	मल्टीपल स्क्लेरोसिस (m)	maltīpal sklerosis

alcoholismo (m)	शराबीपन (m)	sharābīpan
alcohólico (m)	शराबी (m)	sharābī
sífilis (f)	सीफ़िलिस (m)	sīfīlis
SIDA (m)	ऐड्स (m)	aids

tumor (m)	ट्यूमर (m)	tyūmar
maligno (adj)	घातक	ghātak
benigno (adj)	अर्बुद	arbud

fiebre (f)	बुख़ार (m)	bukhār
malaria (f)	मलेरिया (f)	maleriya
gangrena (f)	गैन्ग्रीन (m)	gaingrīn
mareo (m)	जहाज़ी मतली (f)	jahāzī matalī
epilepsia (f)	मिरगी (f)	miragī

epidemia (f)	महामारी (f)	mahāmārī
tifus (m)	टाइफ़स (m)	taifas
tuberculosis (f)	टीबी (m)	tībī
cólera (f)	हैज़ा (f)	haiza
peste (f)	प्लेग (f)	pleg

48. Los síntomas. Los tratamientos. Unidad 1

síntoma (m)	लक्षण (m)	lakshan
temperatura (f)	तापमान (m)	tāpamān
fiebre (f)	बुख़ार (f)	bukhār
pulso (m)	नब्ज़ (f)	nabz

mareo (m) (vértigo)	सिर का चक्कर (m)	sir ka chakkar
caliente (adj)	गरम	garam
escalofrío (m)	कंपकंपी (f)	kampakampī
pálido (adj)	पीला	pīla

tos (f)	खाँसी (f)	khānsī
toser (vi)	खाँसना	khānsana
estornudar (vi)	छींकना	chhīnkana
desmayo (m)	बेहोशी (f)	behoshī

desmayarse (vr)	बेहोश होना	behosh hona
moradura (f)	नील (m)	nīl
chichón (m)	गुमड़ा (m)	gumara
golpearse (vr)	चोट लगना	chot lagana
magulladura (f)	चोट (f)	chot
magullarse (vr)	घाव लगना	ghāv lagana
cojear (vi)	लँगड़ाना	langarāna
dislocación (f)	हड्डी खिसकना (f)	haddī khisakana
dislocar (vt)	हड्डी खिसकना	haddī khisakana
fractura (f)	हड्डी टूट जाना (f)	haddī tūt jāna
tener una fractura	हड्डी टूट जाना	haddī tūt jāna
corte (m) (tajo)	कट जाना (m)	kat jāna
cortarse (vr)	ख़ुद को काट लेना	khud ko kāt lena
hemorragia (f)	रक्त-स्राव (m)	rakt-srāv
quemadura (f)	जला होना	jala hona
quemarse (vr)	जल जाना	jal jāna
pincharse (~ el dedo)	चुभाना	chubhāna
pincharse (vr)	ख़ुद को चुभाना	khud ko chubhāna
herir (vt)	घायल करना	ghāyal karana
herida (f)	चोट (f)	chot
lesión (f) (herida)	घाव (m)	ghāv
trauma (m)	चोट (f)	chot
delirar (vi)	बेहोशी में बड़बड़ाना	behoshī men barabadāna
tartamudear (vi)	हकलाना	hakalāna
insolación (f)	धूप आघात (m)	dhūp āghāt

49. Los síntomas. Los tratamientos. Unidad 2

dolor (m)	दर्द (f)	dard
astilla (f)	चुभ जाना (m)	chubh jāna
sudor (m)	पसीना (f)	pasīna
sudar (vi)	पसीना निकलना	pasīna nikalana
vómito (m)	वमन (m)	vaman
convulsiones (f pl)	दौरा (m)	daura
embarazada (adj)	गर्भवती	garbhavatī
nacer (vi)	जन्म लेना	janm lena
parto (m)	पैदा करना (m)	paida karana
dar a luz	पैदा करना	paida karana
aborto (m)	गर्भपात (m)	garbhapāt
respiración (f)	साँस (f)	sāns
inspiración (f)	साँस अंदर खींचना (f)	sāns andar khīnchana
espiración (f)	साँस बाहर छोड़ना (f)	sāns bāhar chhorana
espirar (vi)	साँस बाहर छोड़ना	sāns bāhar chhorana
inspirar (vi)	साँस अंदर खींचना	sāns andar khīnchana
inválido (m)	अपाहिज (m)	apāhij
mutilado (m)	लूला (m)	lūla

drogadicto (m)	नशेबाज़ (m)	nashebāz
sordo (adj)	बहरा	bahara
mudo (adj)	गूँगा	gūnga
sordomudo (adj)	बहरा और गूँगा	bahara aur gūnga

loco (adj)	पागल	pāgal
loco (m)	पगला (m)	pagala
loca (f)	पगली (f)	pagalī
volverse loco	पागल हो जाना	pāgal ho jāna

gen (m)	वंशाणु (m)	vanshānu
inmunidad (f)	रोग प्रतिरोधक शक्ति (f)	rog pratirodhak shakti
hereditario (adj)	जन्मजात	janmajāt
de nacimiento (adj)	पैदाइशी	paidaishī

virus (m)	विषाणु (m)	vishānu
microbio (m)	कीटाणु (m)	kītānu
bacteria (f)	जीवाणु (m)	jīvānu
infección (f)	संक्रमण (m)	sankraman

50. Los síntomas. Los tratamientos. Unidad 3

hospital (m)	अस्पताल (m)	aspatāl
paciente (m)	मरीज़ (m)	marīz

diagnosis (f)	रोग-निर्णय (m)	rog-nirnay
cura (f)	इलाज (m)	ilāj
tratamiento (m)	चिकित्सीय उपचार (m)	chikitsīy upachār
curarse (vr)	इलाज कराना	ilāj karāna
tratar (vt)	इलाज करना	ilāj karana
cuidar (a un enfermo)	देखभाल करना	dekhabhāl karana
cuidados (m pl)	देखभाल (f)	dekhabhāl

operación (f)	ऑपरेशन (m)	opareshan
vendar (vt)	पट्टी बाँधना	pattī bāndhana
vendaje (m)	पट्टी (f)	pattī

vacunación (f)	टीका (m)	tīka
vacunar (vt)	टीका लगाना	tīka lagāna
inyección (f)	इंजेक्शन (m)	injekshan
aplicar una inyección	इंजेक्शन लगाना	injekshan lagāna

amputación (f)	अंगविच्छेद (f)	angavichchhed
amputar (vt)	अंगविच्छेद करना	angavichchhed karana
coma (m)	कोमा (m)	koma
estar en coma	कोमा में चले जाना	koma men chale jāna
revitalización (f)	गहन चिकित्सा (f)	gahan chikitsa

recuperarse (vr)	ठीक हो जाना	thīk ho jāna
estado (m) (de salud)	हालत (m)	hālat
consciencia (f)	होश (m)	hosh
memoria (f)	याददाश्त (f)	yādadāsht
extraer (un diente)	दाँत निकालना	dānt nikālana
empaste (m)	भराव (m)	bharāv

empastar (vt)	दाँत को भरना	dānt ko bharana
hipnosis (f)	हिपनोसिस (m)	hipanosis
hipnotizar (vt)	हिपनोटाइज़ करना	hipanotaiz karana

51. Los médicos

médico (m)	डॉक्टर (m)	doktar
enfermera (f)	नर्स (m)	nars
médico (m) personal	निजी डॉक्टर (m)	nijī doktar

dentista (m)	दंत-चिकित्सक (m)	dant-chikitsak
oftalmólogo (m)	आँखों का डॉक्टर (m)	ānkhon ka doktar
internista (m)	चिकित्सक (m)	chikitsak
cirujano (m)	शल्य-चिकित्सक (m)	shaly-chikitsak

psiquiatra (m)	मनोरोग चिकित्सक (m)	manorog chikitsak
pediatra (m)	बाल-चिकित्सक (m)	bāl-chikitsak
psicólogo (m)	मनोवैज्ञानिक (m)	manovaigyānik
ginecólogo (m)	प्रसूतिशास्त्री (f)	prasūtishāsrī
cardiólogo (m)	हृदय रोग विशेषज्ञ (m)	hrday rog visheshagy

52. La medicina. Las drogas. Los accesorios

medicamento (m), droga (f)	दवा (f)	dava
remedio (m)	दवाई (f)	davaī
prescribir (vt)	नुस्ख़ा लिखना	nusakha likhana
receta (f)	नुस्ख़ा (m)	nusakha

tableta (f)	गोली (f)	golī
ungüento (m)	मरहम (m)	maraham
ampolla (f)	एम्प्यूल (m)	empyūl
mixtura (f), mezcla (f)	सिरप (m)	sirap
sirope (m)	शरबत (m)	sharabat
píldora (f)	गोली (f)	golī
polvo (m)	चूरन (m)	chūran

venda (f)	पट्टी (f)	pattī
algodón (m) (discos de ~)	रूई का गोला (m)	rūī ka gola
yodo (m)	आयोडीन (m)	āyodīn
tirita (f), curita (f)	बैंड-एड (m)	baind-ed
pipeta (f)	आई-ड्रॉपर (m)	āī-dropar
termómetro (m)	थरमामीटर (m)	tharamāmītar
jeringa (f)	इंजेक्शन (m)	injekshan

| silla (f) de ruedas | व्हीलचेयर (f) | vhīlacheyar |
| muletas (f pl) | बैसाखी (m pl) | baisākhī |

anestésico (m)	दर्द-निवारक (f)	dard-nivārak
purgante (m)	जुलाब की गोली (f)	julāb kī golī
alcohol (m)	स्पिरिट (m)	spirit
hierba (f) medicinal	जड़ी-बूटी (f)	jarī-būtī
de hierbas (té ~)	जड़ी-बूटियों से बना	jarī-būtiyon se bana

EL AMBIENTE HUMANO

La ciudad

53. La ciudad. La vida en la ciudad

ciudad (f)	नगर (m)	nagar
capital (f)	राजधानी (f)	rājadhānī
aldea (f)	गांव (m)	gānv
plano (m) de la ciudad	नगर का नक्शा (m)	nagar ka naksha
centro (m) de la ciudad	नगर का केन्द्र (m)	nagar ka kendr
suburbio (m)	उपनगर (m)	upanagar
suburbano (adj)	उपनगरिक	upanagarik
arrabal (m)	बाहरी इलाका (m)	bāharī ilāka
afueras (f pl)	इर्दगिर्द के इलाके (m pl)	irdagird ke ilāke
barrio (m)	सेक्टर (m)	sektar
zona (f) de viviendas	मुहल्ला (m)	muhalla
tráfico (m)	यातायात (f)	yātāyāt
semáforo (m)	यातायात सिग्नल (m)	yātāyāt signal
transporte (m) urbano	जन परिवहन (m)	jan parivahan
cruce (m)	चौराहा (m)	chaurāha
paso (m) de peatones	ज़ेबरा क्रॉसिंग (f)	zebara krosing
paso (m) subterráneo	पैदल यात्रियों के लिए अंडरपास (f)	paidal yātriyon ke lie andarapās
cruzar (vt)	सड़क पार करना	sarak pār karana
peatón (m)	पैदल-यात्री (m)	paidal-yātrī
acera (f)	फुटपाथ (m)	futapāth
puente (m)	पुल (m)	pul
muelle (m)	तट (m)	tat
fuente (f)	फौवारा (m)	fauvāra
alameda (f)	छायापथ (f)	chhāyāpath
parque (m)	पार्क (m)	pārk
bulevar (m)	चौड़ी सड़क (m)	chaurī sarak
plaza (f)	मैदान (m)	maidān
avenida (f)	मार्ग (m)	mārg
calle (f)	सड़क (f)	sarak
callejón (m)	गली (f)	galī
callejón (m) sin salida	बंद गली (f)	band galī
casa (f)	मकान (m)	makān
edificio (m)	इमारत (f)	imārat
rascacielos (m)	गगनचुंबी भवन (f)	gaganachumbī bhavan
fachada (f)	अगवाड़ा (m)	agavāra

techo (m)	छत (f)	chhat
ventana (f)	खिड़की (f)	khirakī
arco (m)	मेहराब (m)	meharāb
columna (f)	स्तंभ (m)	stambh
esquina (f)	कोना (m)	kona

escaparate (f)	दुकान का शो-केस (m)	dukān ka sho-kes
letrero (m) (~ luminoso)	साईनबोर्ड (m)	saīnabord
cartel (m)	पोस्टर (m)	postar
cartel (m) publicitario	विज्ञापन पोस्टर (m)	vigyāpan postar
valla (f) publicitaria	बिलबोर्ड (m)	bilabord

basura (f)	कूड़ा (m)	kūra
cajón (m) de basura	कूड़े का डिब्बा (m)	kūre ka dibba
tirar basura	कूड़ा-कर्कट डालना	kūra-karkat dālana
basurero (m)	डम्पिंग ग्राउंड (m)	damping graund

cabina (f) telefónica	फ़ोन बूथ (m)	fon būth
farola (f)	बिजली का खंभा (m)	bijalī ka khambha
banco (m) (del parque)	पार्क-बेंच (f)	pārk-bench

policía (m)	पुलिसवाला (m)	pulisavāla
policía (f) (~ nacional)	पुलिस (m)	pulis
mendigo (m)	भिखारी (m)	bhikhārī
persona (f) sin hogar	बेघर (m)	beghar

54. Las instituciones urbanas

tienda (f)	दुकान (f)	dukān
farmacia (f)	दवाख़ाना (m)	davākhāna
óptica (f)	चश्मे की दुकान (f)	chashme kī dukān
centro (m) comercial	शॉपिंग मॉल (m)	shoping mol
supermercado (m)	सुपर बाज़ार (m)	supar bāzār

panadería (f)	बेकरी (f)	bekarī
panadero (m)	बेकर (m)	bekar
pastelería (f)	टॉफ़ी की दुकान (f)	tofī kī dukān
tienda (f) de comestibles	परचून की दुकान (f)	parachūn kī dukān
carnicería (f)	गोश्त की दुकान (f)	gosht kī dukān

verdulería (f)	सब्जियों की दुकान (f)	sabziyon kī dukān
mercado (m)	बाज़ार (m)	bāzār

cafetería (f)	काफ़ी हाउस (m)	kāfī haus
restaurante (m)	रेस्टराँ (m)	restarān
cervecería (f)	शराबख़ाना (m)	sharābakhāna
pizzería (f)	पिट्ज़ा की दुकान (f)	pitza kī dukān

peluquería (f)	नाई की दुकान (f)	naī kī dukān
oficina (f) de correos	डाकघर (m)	dākaghar
tintorería (f)	ड्राइक्लीनर (m)	draiklīnar
estudio (m) fotográfico	फ़ोटो की दुकान (f)	foto kī dukān
zapatería (f)	जूते की दुकान (f)	jūte kī dukān
librería (f)	किताबों की दुकान (f)	kitābon kī dukān

tienda (f) deportiva	खेलकूद की दुकान (f)	khelakūd kī dukān
arreglos (m pl) de ropa	कपड़ों की मरम्मत की दुकान (f)	kaparon kī marammat kī dukān
alquiler (m) de ropa	कपड़ों को किराए पर देने की दुकान (f)	kaparon ko kirae par dene kī dukān
videoclub (m)	वीडियो रेन्टल दुकान (f)	vīdiyo rental dukān
circo (m)	सर्कस (m)	sarkas
zoológico (m)	चिड़ियाघर (m)	chiriyāghar
cine (m)	सिनेमाघर (m)	sinemāghar
museo (m)	संग्रहालय (m)	sangrahālay
biblioteca (f)	पुस्तकालय (m)	pustakālay
teatro (m)	रंगमंच (m)	rangamanch
ópera (f)	ओपेरा (m)	opera
club (m) nocturno	नाईट क्लब (m)	naīt klab
casino (m)	केसिनो (m)	kesino
mezquita (f)	मस्जिद (m)	masjid
sinagoga (f)	सीनागोग (m)	sīnāgog
catedral (f)	गिरजाघर (m)	girajāghar
templo (m)	मंदिर (m)	mandir
iglesia (f)	गिरजाघर (m)	girajāghar
instituto (m)	कॉलेज (m)	kolej
universidad (f)	विश्वविद्यालय (m)	vishvavidyālay
escuela (f)	विद्यालय (m)	vidyālay
prefectura (f)	प्रशासक प्रान्त (m)	prashāsak prānt
alcaldía (f)	सिटी हॉल (m)	sitī hol
hotel (m)	होटल (f)	hotal
banco (m)	बैंक (m)	baink
embajada (f)	दूतावस (m)	dūtāvas
agencia (f) de viajes	पर्यटन आफ़िस (m)	paryatan āfis
oficina (f) de información	पूछताछ कार्यालय (m)	pūchhatāchh kāryālay
oficina (f) de cambio	मुद्रालय (m)	mudrālay
metro (m)	मेट्रो (m)	metro
hospital (m)	अस्पताल (m)	aspatāl
gasolinera (f)	पेट्रोल पम्प (f)	petrol pamp
aparcamiento (m)	पार्किंग (f)	pārking

55. Los avisos

letrero (m) (~ luminoso)	साईनबोर्ड (m)	saīnabord
cartel (m) (texto escrito)	दुकान का साईन (m)	dukān ka saīn
pancarta (f)	पोस्टर (m)	postar
señal (m) de dirección	दिशा संकेतक (m)	disha sanketak
flecha (f) (signo)	तीर दिशा संकेतक (m)	tīr disha sanketak
advertencia (f)	चेतावनी (f)	chetāvanī
aviso (m)	चेतावनी संकेतक (m)	chetāvanī sanketak

advertir (vt)	चेतावनी देना	chetāvanī dena
día (m) de descanso	छुट्टी का दिन (m)	chhuttī ka din
horario (m)	समय सारणी (f)	samay sāranī
horario (m) de apertura	खुलने का समय (m)	khulane ka samay
¡BIENVENIDOS!	आपका स्वागत है!	āpaka svāgat hai!
ENTRADA	प्रवेश	pravesh
SALIDA	निकास	nikās
EMPUJAR	धक्का दें	dhakka den
TIRAR	खींचे	khīnche
ABIERTO	खुला	khula
CERRADO	बंद	band
MUJERES	औरतों के लिये	auraton ke liye
HOMBRES	आदमियों के लिये	ādamiyon ke liye
REBAJAS	डिस्काउन्ट	diskaunt
SALDOS	सेल	sel
NOVEDAD	नया!	naya!
GRATIS	मुफ्त	muft
¡ATENCIÓN!	ध्यान दें!	dhyān den!
COMPLETO	कोई जगह खाली नहीं है	koī jagah khālī nahin hai
RESERVADO	रिज़र्वड	rizarvad
ADMINISTRACIÓN	प्रशासन	prashāsan
SÓLO PERSONAL AUTORIZADO	केवल कर्मचारियों के लिए	keval karmachāriyon ke lie
CUIDADO CON EL PERRO	कुत्ते से सावधान!	kutte se sāvadhān!
PROHIBIDO FUMAR	धुम्रपान निषेध!	dhumrapān nishedh!
NO TOCAR	छूना मना!	chhūna mana!
PELIGROSO	खतरा	khatara
PELIGRO	खतरा	khatara
ALTA TENSIÓN	उच्च वोल्टेज	uchoh voltej
PROHIBIDO BAÑARSE	तैरना मना!	tairana mana!
NO FUNCIONA	ख़राब	kharāb
INFLAMABLE	ज्वलनशील	jvalanashīl
PROHIBIDO	निषिद्ध	nishiddh
PROHIBIDO EL PASO	प्रवेश निषेध!	pravesh nishedh!
RECIÉN PINTADO	गीला पेंट	gīla pent

56. El transporte urbano

autobús (m)	बस (f)	bas
tranvía (m)	ट्रैम (m)	traim
trolebús (m)	ट्रॉलीबस (f)	trolības
itinerario (m)	मार्ग (m)	mārg
número (m)	नम्बर (m)	nambar
ir en ...	के माध्यम से जाना	ke mādhyam se jāna
tomar (~ el autobús)	सवार होना	savār hona

bajar (~ del tren)	उतरना	utarana
parada (f)	बस स्टॉप (m)	bas stop
próxima parada (f)	अगला स्टॉप (m)	agala stop
parada (f) final	अंतिम स्टेशन (m)	antim steshan
horario (m)	समय सारणी (f)	samay sāranī
esperar (aguardar)	इंतज़ार करना	intazār karana
billete (m)	टिकट (m)	tikat
precio (m) del billete	टिकट का किराया (m)	tikat ka kirāya
cajero (m)	कैशियर (m)	kaishiyar
control (m) de billetes	टिकट जाँच (f)	tikat jānch
revisor (m)	कंडक्टर (m)	kandaktar
llegar tarde (vi)	देर हो जाना	der ho jāna
perder (~ el tren)	छूट जाना	chhūt jāna
tener prisa	जल्दी में रहना	jaldī men rahana
taxi (m)	टैक्सी (m)	taiksī
taxista (m)	टैक्सीवाला (m)	taiksīvāla
en taxi	टैक्सी से (m)	taiksī se
parada (f) de taxi	टैक्सी स्टैंड (m)	taiksī staind
llamar un taxi	टैक्सी बुलाना	taiksī bulāna
tomar un taxi	टैक्सी लेना	taiksī lena
tráfico (m)	यातायात (f)	yātāyāt
atasco (m)	ट्रैफ़िक जाम (m)	traifik jām
horas (f pl) de punta	भीड़ का समय (m)	bhīr ka samay
aparcar (vi)	पार्क करना	pārk karana
aparcar (vt)	पार्क करना	pārk karana
aparcamiento (m)	पार्किंग (f)	pārking
metro (m)	मेट्रो (m)	metro
estación (f)	स्टेशन (m)	steshan
ir en el metro	मेट्रो लेना	metro lena
tren (m)	रेलगाड़ी, ट्रेन (f)	relagārī, tren
estación (f)	स्टेशन (m)	steshan

57. El turismo. La excursión

monumento (m)	स्मारक (m)	smārak
fortaleza (f)	किला (m)	kila
palacio (m)	भवन (m)	bhavan
castillo (m)	महल (m)	mahal
torre (f)	मीनार (m)	mīnār
mausoleo (m)	समाधि (f)	samādhi
arquitectura (f)	वस्तुशाला (m)	vastushāla
medieval (adj)	मध्ययुगीय	madhayayugīy
antiguo (adj)	प्राचीन	prāchīn
nacional (adj)	राष्ट्रीय	rāshtrīy
conocido (adj)	मशहूर	mashhūr
turista (m)	पर्यटक (m)	paryatak
guía (m) (persona)	गाइड (m)	gaid

Español	Hindi	Transliteración
excursión (f)	पर्यटन यात्रा (m)	paryatan yātra
mostrar (vt)	दिखाना	dikhāna
contar (una historia)	बताना	batāna
encontrar (hallar)	ढूँढना	dhūnrhana
perderse (vr)	खो जाना	kho jāna
plano (m) (~ de metro)	नक्शा (m)	naksha
mapa (m) (~ de la ciudad)	नक्शा (m)	naksha
recuerdo (m)	यादगार (m)	yādagār
tienda (f) de regalos	गिफ्ट शॉप (f)	gift shop
hacer fotos	फोटो खींचना	foto khīnchana
fotografiarse (vr)	अपना फ़ोटो खिंचवाना	apana foto khinchavāna

58. Las compras

Español	Hindi	Transliteración
comprar (vt)	खरीदना	kharīdana
compra (f)	खरीदारी (f)	kharīdārī
hacer compras	खरीदारी करने जाना	kharīdārī karane jāna
compras (f pl)	खरीदारी (f)	kharīdārī
estar abierto (tienda)	खुला होना	khula hona
estar cerrado	बन्द होना	band hona
calzado (m)	जूता (m)	jūta
ropa (f)	पोशाक (m)	poshāk
cosméticos (m pl)	श्रृंगार-सामग्री (f)	shrrngār-sāmagrī
productos alimenticios	खाने-पीने की चीज़ें (f pl)	khāne-pīne kī chīzen
regalo (m)	उपहार (m)	upahār
vendedor (m)	बेचनेवाला (m)	bechanevāla
vendedora (f)	बेचनेवाली (f)	bechanevālī
caja (f)	कैश-काउन्टर (m)	kaish-kauntar
espejo (m)	आईना (m)	āīna
mostrador (m)	काउन्टर (m)	kauntar
probador (m)	ट्राई करने का कमरा (m)	traī karane ka kamara
probar (un vestido)	ट्राई करना	traī karana
quedar (una ropa, etc.)	फिटिंग करना	fiting karana
gustar (vi)	पसंद करना	pasand karana
precio (m)	दाम (m)	dām
etiqueta (f) de precio	प्राइस टैग (m)	prais taig
costar (vt)	दाम होना	dām hona
¿Cuánto?	कितना?	kitana?
descuento (m)	डिस्काउन्ट (m)	diskaunt
no costoso (adj)	सस्ता	sasta
barato (adj)	सस्ता	sasta
caro (adj)	महंगा	mahanga
Es caro	यह महंगा है	yah mahanga hai
alquiler (m)	रेन्टल (m)	rental
alquilar (vt)	किराए पर लेना	kirae par lena

| crédito (m) | क्रेडिट (m) | kredit |
| a crédito (adv) | क्रेडिट पर | kredit par |

59. El dinero

dinero (m)	पैसा (m pl)	paisa
cambio (m)	मुद्रा विनिमय (m)	mudra vinimay
curso (m)	विनिमय दर (m)	vinimay dar
cajero (m) automático	एटीएम (m)	etīem
moneda (f)	सिक्का (m)	sikka

| dólar (m) | डॉलर (m) | dolar |
| euro (m) | यूरो (m) | yūro |

lira (f)	लीरा (f)	līra
marco (m) alemán	डचमार्क (m)	dachamārk
franco (m)	फ्रांक (m)	frānk
libra esterlina (f)	पाउन्ड स्टरलिंग (m)	paund staraling
yen (m)	येन (m)	yen

deuda (f)	कर्ज़ (m)	karz
deudor (m)	कर्ज़दार (m)	qarzadār
prestar (vt)	कर्ज़ देना	karz dena
tomar prestado	कर्ज़ लेना	karz lena

banco (m)	बैंक (m)	baink
cuenta (f)	बैंक खाता (m)	baink khāta
ingresar en la cuenta	बैंक खाते में जमा करना	baink khāte men jama karana
sacar de la cuenta	खाते से पैसे निकालना	khāte se paise nikālana

tarjeta (f) de crédito	क्रेडिट कार्ड (m)	kredit kārd
dinero (m) en efectivo	कैश (m pl)	kaish
cheque (m)	चेक (m)	chek
sacar un cheque	चेक लिखना	chek likhana
talonario (m)	चेकबुक (f)	chekabuk

cartera (f)	बटुआ (m)	batua
monedero (m)	बटुआ (m)	batua
caja (f) fuerte	लॉकर (m)	lokar

heredero (m)	उत्तराधिकारी (m)	uttarādhikārī
herencia (f)	उत्तराधिकार (m)	uttarādhikār
fortuna (f)	संपत्ति (f)	sampatti

arriendo (m)	किराये पर देना (m)	kirāye par dena
alquiler (m) (dinero)	किराया (m)	kirāya
alquilar (~ una casa)	किराए पर लेना	kirae par lena

precio (m)	दाम (m)	dām
coste (m)	कीमत (f)	kīmat
suma (f)	रक़म (m)	raqam

| gastar (vt) | खर्च करना | kharch karana |
| gastos (m pl) | खर्च (m pl) | kharch |

economizar (vi, vt)	बचत करना	bachat karana
económico (adj)	किफ़ायती	kifāyatī
pagar (vi, vt)	दाम चुकाना	dām chukāna
pago (m)	भुगतान (m)	bhugatān
cambio (m) (devolver el ~)	चिल्लर (m)	chillar
impuesto (m)	टैक्स (m)	taiks
multa (f)	जुर्माना (m)	jurmāna
multar (vt)	जुर्माना लगाना	jurmāna lagāna

60. La oficina de correos

oficina (f) de correos	डाकघर (m)	dākaghar
correo (m) (cartas, etc.)	डाक (m)	dāk
cartero (m)	डाकिया (m)	dākiya
horario (m) de apertura	खुलने का समय (m)	khulane ka samay
carta (f)	पत्र (m)	patr
carta (f) certificada	रजिस्टरी पत्र (m)	rajistarī patr
tarjeta (f) postal	पोस्ट कार्ड (m)	post kārd
telegrama (m)	तार (m)	tār
paquete (m) postal	पार्सल (f)	pārsal
giro (m) postal	मनी ट्रांसफर (m)	manī trānsafar
recibir (vt)	पाना	pāna
enviar (vt)	भेजना	bhejana
envío (m)	भेज (m)	bhej
dirección (f)	पता (m)	pata
código (m) postal	पिन कोड (m)	pin kod
expedidor (m)	भेजनेवाला (m)	bhejanevāla
destinatario (m)	पानेवाला (m)	pānevāla
nombre (m)	पहला नाम (m)	pahala nām
apellido (m)	उपनाम (m)	upanām
tarifa (f)	डाक दर (m)	dāk dar
ordinario (adj)	मानक	mānak
económico (adj)	किफ़ायती	kifāyatī
peso (m)	वज़न (m)	vazan
pesar (~ una carta)	तोलना	tolana
sobre (m)	लिफ़ाफ़ा (m)	lifāfa
sello (m)	डाक टिकट (m)	dāk tikat
poner un sello	डाक टिकट लगाना	dāk tikat lagāna

La vivienda. La casa. El hogar

61. La casa. La electricidad

electricidad (f)	बिजली (f)	bijalī
bombilla (f)	बल्ब (m)	balb
interruptor (m)	स्विच (m)	svich
fusible (m)	फ्यूज़ बटन (m)	fyūz batan
cable, hilo (m)	तार (m)	tār
instalación (f) eléctrica	तार (m)	tār
contador (m) de luz	बिजली का मीटर (m)	bijalī ka mītar
lectura (f) (~ del contador)	मीटर रीडिंग (f)	mītar rīding

62. La villa. La mansión

casa (f) de campo	गाँव का मकान (m)	gānv ka makān
villa (f)	बंगला (m)	bangala
ala (f)	खंड (m)	khand
jardín (m)	बाग़ (m)	bāg
parque (m)	पार्क (m)	pārk
invernadero (m) tropical	ग्रीनहाउस (m)	grīnahaus
cuidar (~ el jardín, etc.)	देखभाल करना	dekhabhāl karana
piscina (f)	तरण-ताल (m)	taran-tāl
gimnasio (m)	व्यायाम कक्ष (m)	vyāyām kaksh
cancha (f) de tenis	टेनिस-कोर्ट (m)	tenis-kort
sala (f) de cine	सिनेमाघर (m)	sinemāghar
garaje (m)	गराज (m)	garāj
propiedad (f) privada	नीजी सम्पत्ति (f)	nījī sampatti
terreno (m) privado	नीजी ज़मीन (f)	nījī zamīn
advertencia (f)	चेतावनी (f)	chetāvanī
letrero (m) de aviso	चेतावनी संकेत (m)	chetāvanī sanket
seguridad (f)	सुरक्षा (f)	suraksha
guardia (m) de seguridad	पहरेदार (m)	paharedār
alarma (f) antirrobo	चोर घंटी (f)	chor ghantī

63. El apartamento

apartamento (m)	फ्लैट (f)	flait
habitación (f)	कमरा (m)	kamara
dormitorio (m)	सोने का कमरा (m)	sone ka kamara

comedor (m)	खाने का कमरा (m)	khāne ka kamara
salón (m)	बैठक (f)	baithak
despacho (m)	घरेलू कार्यालय (m)	gharelū kāryālay
antecámara (f)	प्रवेश कक्ष (m)	pravesh kaksh
cuarto (m) de baño	स्नानघर (m)	snānaghar
servicio (m)	शौचालय (m)	shauchālay
techo (m)	छत (f)	chhat
suelo (m)	फ़र्श (m)	farsh
rincón (m)	कोना (m)	kona

64. Los muebles. El interior

muebles (m pl)	फ़र्निचर (m)	farnichar
mesa (f)	मेज़ (f)	mez
silla (f)	कुर्सी (f)	kursī
cama (f)	पलंग (m)	palang
sofá (m)	सोफ़ा (m)	sofa
sillón (m)	हत्थे वाली कुर्सी (f)	hatthe vālī kursī
librería (f)	किताबों की अलमारी (f)	kitābon kī alamārī
estante (m)	शेल्फ़ (f)	shelf
armario (m)	कपड़ों की अलमारी (f)	kaparon kī alamārī
percha (f)	खूँटी (f)	khūntī
perchero (m) de pie	खूँटी (f)	khūntī
cómoda (f)	कपड़ों की अलमारी (f)	kaparon kī alamārī
mesa (f) de café	कॉफ़ी की मेज़ (f)	kofī kī mez
espejo (m)	आईना (m)	āīna
tapiz (m)	कालीन (m)	kālīn
alfombra (f)	दरी (f)	darī
chimenea (f)	चिमनी (f)	chimanī
vela (f)	मोमबत्ती (f)	momabattī
candelero (m)	मोमबत्तीदान (m)	momabattīdān
cortinas (f pl)	परदे (m pl)	parade
empapelado (m)	वॉल पेपर (m)	vol pepar
estor (m) de láminas	जेलुज़ी (f pl)	jeluzī
lámpara (f) de mesa	मेज़ का लैम्प (m)	mez ka laimp
aplique (m)	दिवार का लैम्प (m)	divār ka laimp
lámpara (f) de pie	फ़र्श का लैम्प (m)	farsh ka laimp
lámpara (f) de araña	झूमर (m)	jhūmar
pata (f) (~ de la mesa)	पाँव (m)	pānv
brazo (m)	कुर्सी का हत्था (m)	kursī ka hattha
espaldar (m)	कुर्सी की पीठ (f)	kursī kī pīth
cajón (m)	दराज़ (m)	darāz

65. Los accesorios de cama

ropa (f) de cama	बिस्तर के कपड़े (m)	bistar ke kapare
almohada (f)	तकिया (m)	takiya
funda (f)	गिलाफ़ (m)	gilāf
manta (f)	रजाई (f)	razaī
sábana (f)	चादर (f)	chādar
sobrecama (f)	चादर (f)	chādar

66. La cocina

cocina (f)	रसोईघर (m)	rasoīghar
gas (m)	गैस (m)	gais
cocina (f) de gas	गैस का चूल्हा (m)	gais ka chūlha
cocina (f) eléctrica	बिजली का चूल्हा (m)	bijalī ka chūlha
horno (m)	ओवन (m)	ovan
horno (m) microondas	माइक्रोवेव ओवन (m)	maikrovev ovan
frigorífico (m)	फ़्रिज (m)	frij
congelador (m)	फ़्रीज़र (m)	frījar
lavavajillas (m)	डिशवॉशर (m)	dishavoshar
picadora (f) de carne	कीमा बनाने की मशीन (f)	kīma banāne kī mashīn
exprimidor (m)	जूसर (m)	jūsar
tostador (m)	टोस्टर (m)	tostar
batidora (f)	मिक्सर (m)	miksar
cafetera (f) (aparato de cocina)	कॉफ़ी मशीन (f)	kofī mashīn
cafetera (f) (para servir)	कॉफ़ी पॉट (m)	kofī pot
molinillo (m) de café	कॉफ़ी पीसने की मशीन (f)	kofī pīsane kī mashīn
hervidor (m) de agua	केतली (f)	ketalī
tetera (f)	चायदानी (f)	chāyadānī
tapa (f)	ढक्कन (m)	dhakkan
colador (m) de té	छलनी (f)	chhalanī
cuchara (f)	चम्मच (m)	chammach
cucharilla (f)	चम्मच (m)	chammach
cuchara (f) de sopa	चम्मच (m)	chammach
tenedor (m)	काँटा (m)	kānta
cuchillo (m)	छुरी (f)	chhurī
vajilla (f)	बरतन (m)	baratan
plato (m)	तश्तरी (f)	tashtarī
platillo (m)	तश्तरी (f)	tashtarī
vaso (m) de chupito	जाम (m)	jām
vaso (m) (~ de agua)	गिलास (m)	gilās
taza (f)	प्याला (m)	pyāla
azucarera (f)	चीनीदानी (f)	chīnīdānī
salero (m)	नमकदानी (m)	namakadānī

pimentero (m)	मिर्चदानी (f)	mirchadānī
mantequera (f)	मक्खनदानी (f)	makkhanadānī

cacerola (f)	सॉसपैन (m)	sosapain
sartén (f)	फ़्राइ पैन (f)	frai pain
cucharón (m)	डोई (f)	doī
colador (m)	कालेन्डर (m)	kālendar
bandeja (f)	थाली (m)	thālī

botella (f)	बोतल (f)	botal
tarro (m) de vidrio	शीशी (f)	shīshī
lata (f)	डिब्बा (m)	dibba

abrebotellas (m)	बोतल ओपनर (m)	botal opanar
abrelatas (m)	ओपनर (m)	opanar
sacacorchos (m)	पेंचकस (m)	penchakas
filtro (m)	फ़िल्टर (m)	filtar
filtrar (vt)	फ़िल्टर करना	filtar karana

basura (f)	कूड़ा (m)	kūra
cubo (m) de basura	कूड़े की बाल्टी (f)	kūre kī bāltī

67. El baño

cuarto (m) de baño	स्नानघर (m)	snānaghar
agua (f)	पानी (m)	pānī
grifo (m)	नल (m)	nal
agua (f) caliente	गरम पानी (m)	garam pānī
agua (f) fría	ठंडा पानी (m)	thanda pānī

pasta (f) de dientes	टूथपेस्ट (m)	tūthapest
limpiarse los dientes	दाँत ब्रश करना	dānt brash karana

afeitarse (vr)	शेव करना	shev karana
espuma (f) de afeitar	शेविंग फ़ोम (m)	shoving fom
maquinilla (f) de afeitar	रेज़र (f)	rezar

lavar (vt)	धोना	dhona
darse un baño	नहाना	nahāna
ducha (f)	शावर (m)	shāvar
darse una ducha	शावर लेना	shāvar lena

bañera (f)	बाथटब (m)	bāthatab
inodoro (m)	संडास (m)	sandās
lavabo (m)	सिंक (m)	sink

jabón (m)	साबुन (m)	sābun
jabonera (f)	साबुनदानी (f)	sābunadānī

esponja (f)	स्पंज (f)	spanj
champú (m)	शैम्पू (m)	shaimpū
toalla (f)	तौलिया (f)	tauliya
bata (f) de baño	चोगा (m)	choga
colada (f), lavado (m)	धुलाई (f)	dhulaī

lavadora (f)	वॉशिंग मशीन (f)	voshing mashīn
lavar la ropa	कपड़े धोना	kapare dhona
detergente (m) en polvo	कपड़े धोने का पाउडर (m)	kapare dhone ka paudar

68. Los aparatos domésticos

televisor (m)	टीवी सेट (m)	tīvī set
magnetófono (m)	टेप रिकार्डर (m)	tep rikārdar
vídeo (m)	वीडियो टेप रिकार्डर (m)	vīdiyo tep rikārdar
radio (m)	रेडियो (m)	rediyo
reproductor (m) (~ MP3)	प्लेयर (m)	pleyar

proyector (m) de vídeo	वीडियो प्रोजेक्टर (m)	vīdiyo projektar
sistema (m) home cinema	होम थीएटर (m)	hom thīetar
reproductor (m) de DVD	डीवीडी प्लेयर (m)	dīvīdī pleyar
amplificador (m)	ध्वनि-विस्तारक (m)	dhvani-vistārak
videoconsola (f)	वीडियो गेम कन्सोल (m)	vīdiyo gem kansol

cámara (f) de vídeo	वीडियो कैमरा (m)	vīdiyo kaimara
cámara (f) fotográfica	कैमरा (m)	kaimara
cámara (f) digital	डीजिटल कैमरा (m)	dījital kaimara

aspirador (m), aspiradora (f)	वैक्यूम क्लीनर (m)	vaikyūm klīnar
plancha (f)	इस्तरी (f)	istarī
tabla (f) de planchar	इस्तरी तख़्ता (m)	istarī takhta

teléfono (m)	टेलीफ़ोन (m)	telīfon
teléfono (m) móvil	मोबाइल फ़ोन (m)	mobail fon
máquina (f) de escribir	टाइपराइटर (m)	taiparaitar
máquina (f) de coser	सिलाई मशीन (f)	silaī mashīn

micrófono (m)	माइक्रोफ़ोन (m)	maikrofon
auriculares (m pl)	हैडफ़ोन (m pl)	hairafon
mando (m) a distancia	रिमोट (m)	rimot

CD (m)	सीडी (m)	sīdī
casete (m)	कैसेट (f)	kaiset
disco (m) de vinilo	रिकार्ड (m)	rikārd

LAS ACTIVIDADES DE LA GENTE

El trabajo. Los negocios. Unidad 1

69. La oficina. El trabajo de oficina

oficina (f)	कार्यालय (m)	kāryālay
despacho (m)	कार्यालय (m)	kāryālay
recepción (f)	रिसेप्शन (m)	risepshan
secretaria (f)	सेक्रटरी (f)	sekratarī
director (m)	निदेशक (m)	nideshak
manager (m)	मैनेजर (m)	mainejar
contable (m)	लेखापाल (m)	lekhāpāl
colaborador (m)	कर्मचारी (m)	karmachārī
muebles (m pl)	फ़र्निचर (m)	farnichar
escritorio (m)	मेज़ (f)	mez
silla (f)	कुर्सी (f)	kursī
cajonera (f)	साइड टेबल (f)	said tebal
perchero (m) de pie	खूँटी (f)	khūntī
ordenador (m)	कंप्यूटर (m)	kampyūtar
impresora (f)	प्रिन्टर (m)	printar
fax (m)	फ़ैक्स मशीन (f)	faiks mashīn
fotocopiadora (f)	ज़ीरोक्स (m)	zīroks
papel (m)	काग़ज़ (m)	kāgaz
papelería (f)	स्टेशनरी (m pl)	steshanarī
alfombrilla (f) para ratón	माउस पैड (m)	maus paid
hoja (f) de papel	पन्ना (m)	panna
carpeta (f)	बाइन्डर (m)	baindar
catálogo (m)	कैटेलॉग (m)	kaitelog
directorio (m) telefónico	डाइरेक्टरी (f)	dairektarī
documentación (f)	दस्तावेज़ (m)	dastāvez
folleto (m)	पुस्तिका (f)	pustika
prospecto (m)	पर्ची (m)	parcha
muestra (f)	नमूना (m)	namūna
reunión (f) de formación	प्रशिक्षण बैठक (f)	prashikshan baithak
reunión (f)	बैठक (f)	baithak
pausa (f) del almuerzo	मध्यान्तर (m)	madhyāntar
hacer una copia	कॉपी करना	kopī karana
hacer copias	ज़ीरोक्स करना	zīroks karana
recibir un fax	फ़ैक्स मिलना	faiks milana
enviar un fax	फ़ैक्स भेजना	faiks bhejana
llamar por teléfono	फ़ोन करना	fon karana

65

responder (vi, vt)	जवाब देना	javāb dena
poner en comunicación	फ़ोन ट्रांस्फ़र करना	fon trānsfar karana
fijar (~ una reunión)	व्यवस्थित करना	vyavasthit karana
demostrar (vt)	प्रदर्शित करना	pradarshit karana
estar ausente	अनुपस्थित होना	anupasthit hona
ausencia (f)	अनुपस्थिती (f)	anupasthitī

70. Los procesos de negocio. Unidad 1

ocupación (f)	पेशा (m)	pesha
firma (f)	कम्पनी (f)	kampanī
compañía (f)	कम्पनी (f)	kampanī
corporación (f)	निगम (m)	nigam
empresa (f)	उद्योग (m)	udyog
agencia (f)	एजेंसी (f)	ejensī
acuerdo (m)	समझौता (f)	samajhauta
contrato (m)	ठेका (m)	theka
trato (m), acuerdo (m)	सौदा (f)	sauda
pedido (m)	आर्डर (m)	ārdar
condición (f) del contrato	शर्तें (f)	sharten
al por mayor (adv)	थोक	thok
al por mayor (adj)	थोक	thok
venta (f) al por mayor	थोक (m)	thok
al por menor (adj)	खुदरा	khudara
venta (f) al por menor	खुदरा (m)	khudara
competidor (m)	प्रतियोगी (m)	pratiyogī
competencia (f)	प्रतियोगिता (f)	pratiyogita
competir (vi)	प्रतियोगिता करना	pratiyogita karana
socio (m)	सहयोगी (f)	sahayogī
sociedad (f)	साझेदारी (f)	sājhedārī
crisis (f)	संकट (m)	sankat
bancarrota (f)	दिवाला (m)	divāla
ir a la bancarrota	दिवालिया हो जाना	divāliya ho jāna
dificultad (f)	कठिनाई (f)	kathinaī
problema (m)	समस्या (f)	samasya
catástrofe (f)	दुर्घटना (f)	durghatana
economía (f)	अर्थशास्त्र (f)	arthashāstr
económico (adj)	आर्थिक	ārthik
recesión (f) económica	अर्थिक गिरावट (f)	arthik girāvat
meta (f)	लक्ष्य (m)	lakshy
objetivo (m)	कार्य (m)	kāry
comerciar (vi)	व्यापार करना	vyāpār karana
red (f) (~ comercial)	जाल (m)	jāl
existencias (f pl)	गोदाम (m)	godām
surtido (m)	किस्म (m)	kism

líder (m)	लीडर (m)	līdar
grande (empresa ~)	विशाल	vishāl
monopolio (m)	एकाधिकार (m)	ekādhikār
teoría (f)	सिद्धांत (f)	siddhānt
práctica (f)	व्यवहार (f)	vyavahār
experiencia (f)	अनुभव (m)	anubhav
tendencia (f)	प्रवृति (f)	pravrtti
desarrollo (m)	विकास (m)	vikās

71. Los procesos de negocio. Unidad 2

rentabilidad (f)	लाभ (f)	lābh
rentable (adj)	फ़ायदेमन्द	fāyademand
delegación (f)	प्रतिनिधिमंडल (f)	pratinidhimandal
salario (m)	आय (f)	āy
corregir (un error)	ठीक करना	thīk karana
viaje (m) de negocios	व्यापारिक यात्रा (f)	vyāpārik yātra
comisión (f)	आयोग (f)	āyog
controlar (vt)	जांचना	jānchana
conferencia (f)	सम्मेलन (m)	sammelan
licencia (f)	अनुज्ञप्ति (f)	anugyapti
fiable (socio ~)	विश्वसनीय	vishvasanīy
iniciativa (f)	पहल (f)	pahal
norma (f)	मानक (m)	mānak
circunstancia (f)	परिस्थिति (f)	paristhiti
deber (m)	कर्तव्य (m)	kartavy
empresa (f)	संगठन (f)	sangathan
organización (f) (proceso)	आयोजन (m)	āyojan
organizado (adj)	आयोजित	āyojit
anulación (f)	निरस्तीकरण (m)	nirastīkaran
anular (vt)	रद्द करना	radd karana
informe (m)	रिपोर्ट (m)	riport
patente (m)	पेटेंट (m)	petent
patentar (vt)	पेटेंट करना	petent karana
planear (vt)	योजना बनाना	yojana banāna
premio (m)	बोनस (m)	bonas
profesional (adj)	पेशेवर	peshevar
procedimiento (m)	प्रक्रिया (f)	prakriya
examinar (vt)	विचार करना	vichār karana
cálculo (m)	हिसाब (m)	hisāb
reputación (f)	प्रतिष्ठा (f)	pratishtha
riesgo (m)	जोखिम (m)	jokhim
dirigir (administrar)	प्रबंध करना	prabandh karana
información (f)	सूचना (f)	sūchana
propiedad (f)	जायदाद (f)	jāyadād

unión (f)	संघ (m)	sangh
seguro (m) de vida	जीवन-बीमा (m)	jīvan-bīma
asegurar (vt)	बीमा करना	bīma karana
seguro (m)	बीमा (m)	bīma
subasta (f)	नीलामी (m pl)	nīlāmī
notificar (informar)	जानकारी देना	jānakārī dena
gestión (f)	प्रबंधन (m)	prabandhan
servicio (m)	सेवा (f)	seva
foro (m)	मंच (m)	manch
funcionar (vi)	कार्य करना	kāry karana
etapa (f)	चरण (m)	charan
jurídico (servicios ~s)	कानूनी	kānūnī
jurista (m)	वकील (m)	vakīl

72. La producción. Los trabajos

planta (f)	कारख़ाना (m)	kārakhāna
fábrica (f)	कारख़ाना (m)	kārakhāna
taller (m)	वर्कशाप (m)	varkashāp
planta (f) de producción	उत्पादन स्थल (m)	utpādan sthal
industria (f)	उद्योग (m)	udyog
industrial (adj)	औद्योगिक	audyogik
industria (f) pesada	भारी उद्योग (m)	bhārī udyog
industria (f) ligera	हल्का उद्योग (m)	halka udyog
producción (f)	उत्पाद (m)	utpād
producir (vt)	उत्पादन करना	utpādan karana
materias (f pl) primas	कच्चा माल (m)	kachcha māl
jefe (m) de brigada	फ़ोरमैन (m)	foramain
brigada (f)	मज़दूर दल (m)	mazadūr dal
obrero (m)	मज़दूर (m)	mazadūr
día (m) de trabajo	कार्यदिवस (m)	kāryadivas
descanso (m)	अंतराल (m)	antarāl
reunión (f)	बैठक (f)	baithak
discutir (vt)	चर्चा करना	charcha karana
plan (m)	योजना (f)	yojana
cumplir el plan	योजना बनाना	yojana banāna
tasa (f) de producción	उत्पादन दर (f)	utpādan dar
calidad (f)	गुणवत्ता (m)	gunavatta
control (m)	जाँच (f)	jānch
control (m) de calidad	गुणवत्ता जाँच (f)	gunavatta jānch
seguridad (f) de trabajo	कार्यस्थल सुरक्षा (f)	kāryasthal suraksha
disciplina (f)	अनुशासन (m)	anushāsan
infracción (f)	उल्लंघन (m)	ullanghan
violar (las reglas)	उल्लंघन करना	ullanghan karana
huelga (f)	हड़ताल (f)	haratāl
huelguista (m)	हड़तालकारी (m)	haratālakārī

estar en huelga	हड़ताल करना	haratāl karana
sindicato (m)	ट्रेड-यूनियन (m)	tred-yūniyan

inventar (máquina, etc.)	आविष्कार करना	āvishkār karana
invención (f)	आविष्कार (m)	āvishkār
investigación (f)	अनुसंधान (f)	anusandhān
mejorar (vt)	सुधारना	sudhārana
tecnología (f)	प्रौद्योगिकी (f)	praudyogikī
dibujo (m) técnico	तकनीकी चित्रकारी (f)	takanīkī chitrakārī

cargamento (m)	भार (m)	bhār
cargador (m)	कुली (m)	kulī
cargar (camión, etc.)	लादना	lādana
carga (f) (proceso)	लादना (m)	lādana
descargar (vt)	सामान उतारना	sāmān utārana
descarga (f)	उतारना	utārana

transporte (m)	परिवहन (m)	parivahan
compañía (f) de transporte	परिवहन कम्पनी (f)	parivahan kampanī
transportar (vt)	अपवाहन करना	apavāhan karana

vagón (m)	माल गाड़ी (f)	māl gārī
cisterna (f)	टैंकर (m)	tainkar
camión (m)	ट्रक (m)	trak

máquina (f) herramienta	मशीनी उपकरण (m)	mashīnī upakaran
mecanismo (m)	यंत्र (m)	yantr

desperdicios (m pl)	औद्योगिक अवशेष (m)	audyogik avashesh
empaquetado (m)	पैकिंग (f)	paiking
empaquetar (vt)	पैक करना	paik karana

73. El contrato. El acuerdo

oontrato (m)	ठेका (m)	theka
acuerdo (m)	समझौता (f)	samajhauta
anexo (m)	परिशिष्ट (f)	parishisht

firmar un contrato	अनुबंध पर हस्ताक्षर करना	anubandh par hastākshar karana
firma (f) (nombre)	हस्ताक्षर (m)	hastākshar
firmar (vt)	हस्ताक्षर करना	hastākshar karana
sello (m)	सील (m)	sīl

objeto (m) del acuerdo	अनुबंध की विषय-वस्तु (f)	anubandh kī vishay-vastu
cláusula (f)	धारा (f)	dhāra
partes (f pl)	पार्टी (f)	pārtī
domicilio (m) legal	कानूनी पता (m)	kānūnī pata

violar el contrato	अनुबंध का उल्लंघन करना	anubandh ka ullanghan karana
obligación (f)	प्रतिबद्धता (f)	pratibaddhta
responsabilidad (f)	ज़िम्मेदारी (f)	zimmedārī
fuerza mayor (f)	अप्रत्याशित घटना (f)	apratyāshit ghatana

disputa (f)	विवाद (m)	vivād
penalidades (f pl)	जुर्माना (m)	jurmāna

74. Importación y exportación

importación (f)	आयात (m)	āyāt
importador (m)	आयातकर्ता (m)	āyātakarta
importar (vt)	आयात करना	āyāt karana
de importación (adj)	आयातित	āyātit
exportador (m)	निर्यातकर्ता (m)	niryātakarta
exportar (vt)	निर्यात करना	niryāt karana
mercancía (f)	माल (m)	māl
lote (m) de mercancías	प्रेषित माल (m)	preshit māl
peso (m)	वज़न (m)	vazan
volumen (m)	आयतन (m)	āyatan
metro (m) cúbico	घन मीटर (m)	ghan mītar
productor (m)	उत्पादक (m)	utpādak
compañía (f) de transporte	वाहन कम्पनी (f)	vāhan kampanī
contenedor (m)	डिब्बा (m)	dibba
frontera (f)	सीमा (f)	sīma
aduana (f)	सीमाशुल्क कार्यालय (f)	sīmāshulk kāryālay
derechos (m pl) arancelarios	सीमाशुल्क (m)	sīmāshulk
aduanero (m)	सीमाशुल्क अधिकारी (m)	sīmāshulk adhikārī
contrabandismo (m)	तस्करी (f)	taskarī
contrabando (m)	तस्करी का माल (m)	taskarī ka māl

75. Las finanzas

acción (f)	शेयर (f)	sheyar
bono (m), obligación (f)	बॉंड (m)	bānd
letra (f) de cambio	विनिमय पत्र (m)	vinimay patr
bolsa (f)	स्टॉक मार्केट (m)	stok mārket
cotización (f) de valores	शेयर का मूल्य (m)	sheyar ka mūly
abaratarse (vr)	मूल्य कम होना	mūly kam hona
encarecerse (vr)	मूल्य बढ़ जाना	mūly barh jāna
interés (m) mayoritario	नियंत्रण हित (f)	niyantran hit
inversiones (f pl)	निवेश (f)	nivesh
invertir (vi, vt)	निवेश करना	nivesh karana
porcentaje (m)	प्रतिशत (f)	pratishat
interés (m)	ब्याज (m pl)	byāj
beneficio (m)	नफ़ा (m)	nafa
beneficioso (adj)	लाभदायक	lābhadāyak
impuesto (m)	कर (f)	kar

divisa (f)	मुद्रा (m)	mudra
nacional (adj)	राष्ट्रीय	rāshtrīy
cambio (m)	विनिमय (m)	vinimay

contable (m)	लेखापाल (m)	lekhāpāl
contaduría (f)	लेखा विभाग (m)	lekha vibhāg

bancarrota (f)	दिवाला (m)	divāla
quiebra (f)	वित्तीय पतन (m)	vittīy pattan
ruina (f)	बरबादी (m)	barabādī
arruinarse (vr)	आर्थिक रूप से बरबादी	ārthik rūp se barabādī
inflación (f)	मुद्रास्फीति (f)	mudrāsfīti
devaluación (f)	अवमूल्यन (m)	avamūlyan

capital (m)	पूँजी (f)	pūnjī
ingresos (m pl)	आय (f)	āy
volumen (m) de negocio	कुल बिक्री (f)	kul bikrī
recursos (m pl)	वित्तीय संसाधन (m)	vittīy sansādhan
recursos (m pl) monetarios	मुद्रागत संसाधन (m)	mudrāgat sansādhan
reducir (vt)	कम करना	kam karana

76. La mercadotecnia

mercadotecnia (f)	विपणन (m)	vipanan
mercado (m)	मंडी (f)	mandī
segmento (m) del mercado	बाज़ार क्षेत्र (m)	bāzār kshetr
producto (m)	उत्पाद (m)	utpād
mercancía (f)	माल (m)	māl

marca (f) comercial	ट्रेड मार्क (m)	tred mārk
logotipo (m)	लोगोटाइप (m)	logotaip
logo (m)	लोगो (m)	logo

demanda (f)	मांग (f)	māng
oferta (f)	आपूर्ति (f)	āpūrti
necesidad (f)	ज़रूरत (f)	zarūrat
consumidor (m)	उपभोक्ता (m)	upabhokta

análisis (m)	विश्लेषण (m)	vishleshan
analizar (vt)	विश्लेषण करना	vishleshan karana
posicionamiento (m)	स्थिति-निर्धारण (f)	sthiti-nirdhāran
posicionar (vt)	स्थिति-निर्धारण करना	sthiti-nirdhāran karana

precio (m)	दाम (m)	dām
política (f) de precios	मूल्य निर्धारण नीति (f)	mūly nirdhāran nīti
formación (f) de precios	मूल्य स्थापना (f)	mūly sthāpana

77. La publicidad

publicidad (f)	विज्ञापन (m)	vigyāpan
publicitar (vt)	विज्ञापन देना	vigyāpan dena
presupuesto (m)	बजट (m)	bajat

anuncio (m) publicitario	विज्ञापन (m)	vigyāpan
publicidad (f) televisiva	टीवी विज्ञापन (m)	tīvī vigyāpan
publicidad (f) radiofónica	रेडियो विज्ञापन (m)	rediyo vigyāpan
publicidad (f) exterior	बिलबोर्ड विज्ञापन (m)	bilabord vigyāpan
medios (m pl) de comunicación de masas	जनसंपर्क माध्यम (m)	janasampark mādhyam
periódico (m)	पत्रिका (f)	patrika
imagen (f)	सार्वजनिक छवि (f)	sārvajanik chhavi
consigna (f)	नारा (m)	nāra
divisa (f)	नारा (m)	nāra
campaña (f)	अभियान (m)	abhiyān
campaña (f) publicitaria	विज्ञापन प्रचार (m)	vigyāpan prachār
auditorio (m) objetivo	श्रोतागण (f)	shrotāgan
tarjeta (f) de visita	बिज़नेस कार्ड (m)	bizanes kārd
prospecto (m)	पर्चा (f)	parcha
folleto (m)	ब्रोशर (m)	broshar
panfleto (m)	पर्चा (f)	parcha
boletín (m)	सूचनापत्र (m)	sūchanāpatr
letrero (m) (~ luminoso)	नेमप्लेट (m)	nemaplet
pancarta (f)	पोस्टर (m)	postar
valla (f) publicitaria	इश्तहार (m)	ishtahār

78. La banca

banco (m)	बैंक (m)	baink
sucursal (f)	शाखा (f)	shākha
consultor (m)	क्लर्क (m)	klark
gerente (m)	मैनेजर (m)	mainejar
cuenta (f)	बैंक खाता (m)	baink khāta
numero (m) de la cuenta	खाते का नम्बर (m)	khāte ka nambar
cuenta (f) corriente	चालू खाता (m)	chālū khāta
cuenta (f) de ahorros	बचत खाता (m)	bachat khāta
abrir una cuenta	खाता खोलना	khāta kholana
cerrar la cuenta	खाता बंद करना	khāta band karana
ingresar en la cuenta	खाते में जमा करना	khāte men jama karana
sacar de la cuenta	खाते से पैसा निकालना	khāte se paisa nikālana
depósito (m)	जमा (m)	jama
hacer un depósito	जमा करना	jama karana
giro (m) bancario	तार स्थानांतरण (m)	tār sthānāntaran
hacer un giro	पैसे स्थानांतरित करना	paise sthānāntarit karana
suma (f)	रक़म (m)	raqam
¿Cuánto?	कितना?	kitana?
firma (f) (nombre)	हस्ताक्षर (f)	hastākshar
firmar (vt)	हस्ताक्षर करना	hastākshar karana

tarjeta (f) de crédito	क्रेडिट कार्ड (m)	kredit kārd
código (m)	पिन कोड (m)	pin kod
número (m) de tarjeta de crédito	क्रेडिट कार्ड संख्या (f)	kredit kārd sankhya
cajero (m) automático	एटीएम (m)	etīem
cheque (m)	चेक (m)	chek
sacar un cheque	चेक लिखना	chek likhana
talonario (m)	चेकबुक (f)	chekabuk
crédito (m)	उधार (m)	uthār
pedir el crédito	उधार के लिए आवेदन करना	udhār ke lie āvedan karana
obtener un crédito	उधार लेना	uthār lena
conceder un crédito	उधार देना	uthār dena
garantía (f)	गारन्टी (f)	gārantī

79. El teléfono. Las conversaciones telefónicas

teléfono (m)	फ़ोन (m)	fon
teléfono (m) móvil	मोबाइल फ़ोन (m)	mobail fon
contestador (m)	जवाबी मशीन (f)	javābī mashīn
llamar, telefonear	फ़ोन करना	fon karana
llamada (f)	कॉल (m)	kol
marcar un número	नम्बर लगाना	nambar lagāna
¿Sí?, ¿Dígame?	हेलो!	helo!
preguntar (vt)	पूछना	pūchhana
responder (vi, vt)	जवाब देना	javāb dena
oír (vt)	सुनना	sunana
bien (adv)	ठीक	thīk
mal (adv)	ठीक नहीं	thīk nahin
ruidos (m pl)	आवाज़ें (f)	āvāzen
auricular (m)	रिसीवर (m)	risīvar
descolgar (el teléfono)	फ़ोन उठाना	fon uthāna
colgar el auricular	फ़ोन रखना	fon rakhana
ocupado (adj)	बिज़ी	bizī
sonar (teléfono)	फ़ोन बजना	fon bajana
guía (f) de teléfonos	टेलीफ़ोन बुक (m)	telīfon buk
local (adj)	लोकल	lokal
de larga distancia	लंबी दूरी की कॉल	lambī dūrī kī kol
internacional (adj)	अंतर्राष्ट्रीय	antarrāshtrīy

80. El teléfono celular

teléfono (m) móvil	मोबाइल फ़ोन (m)	mobail fon
pantalla (f)	डिस्प्ले (m)	disple
botón (m)	बटन (m)	batan
tarjeta SIM (f)	सिम कार्ड (m)	sim kārd

pila (f)	बैटरी (f)	baitarī
descargarse (vr)	बैटरी डेड हो जाना	baitarī ded ho jāna
cargador (m)	चार्जर (m)	chārjar
menú (m)	मीनू (m)	mīnū
preferencias (f pl)	सेटिंग्स (f)	setings
melodía (f)	कॉलर ट्यून (m)	kolar tyūn
seleccionar (vt)	चुनना	chunana
calculadora (f)	कैल्कुलेटर (m)	kailkulaitar
contestador (m)	वॉयस मेल (f)	voyas mel
despertador (m)	अलार्म घड़ी (f)	alārm gharī
contactos (m pl)	संपर्क (m)	sampark
mensaje (m) de texto	एसएमएस (m)	esemes
abonado (m)	सदस्य (m)	sadasy

81. Los artículos de escritorio. La papelería

bolígrafo (m)	बॉल पेन (m)	bol pen
pluma (f) estilográfica	फाउन्टेन पेन (m)	faunten pen
lápiz (m)	पेंसिल (f)	pensil
marcador (m)	हाइलाइटर (m)	hailaitar
rotulador (m)	फ़ेल्ट टिप पेन (m)	felt tip pen
bloc (m) de notas	नोटबुक (m)	notabuk
agenda (f)	डायरी (f)	dāyarī
regla (f)	स्केल (m)	skel
calculadora (f)	कैल्कुलेटर (m)	kailkuletar
goma (f) de borrar	रबड़ (f)	rabar
chincheta (f)	थंबटैक (m)	thanrbataik
clip (m)	पेपर क्लिप (m)	pepar klip
cola (f), pegamento (m)	गोंद (f)	gond
grapadora (f)	स्टेप्लर (m)	steplar
perforador (m)	होल पंचर (m)	hol panchar
sacapuntas (m)	शार्पनर (m)	shārpanar

82. Tipos de negocios

contabilidad (f)	लेखा सेवा (f)	lekha seva
publicidad (f)	विज्ञापन (m)	vigyāpan
agencia (f) de publicidad	विज्ञापन एजन्सी (f)	vigyāpan ejansī
climatizadores (m pl)	वातानुकूलक सेवा (f)	vātānukūlak seva
compañía (f) aérea	हवाई कम्पनी (f)	havaī kampanī
bebidas (f pl) alcohólicas	मद्य पदार्थ (m)	mady padārth
antigüedad (f)	पुरानी चीज़ें (f)	purānī chīzen
galería (f) de arte	चित्रशाला (f)	chitrashāla
servicios (m pl) de auditoría	लेखापरीक्षा सेवा (f)	lekhāparīksha seva

negocio (m) bancario	बैंक (m)	baink
bar (m)	बार (m)	bār
salón (m) de belleza	ब्यूटी पार्लर (m)	byūṭī pārlar
librería (f)	किताबों की दुकान (f)	kitābon kī dukān
fábrica (f) de cerveza	शराब की भट्ठी (f)	sharāb kī bhaththī
centro (m) de negocios	व्यापार केन्द्र (m)	vyāpār kendr
escuela (f) de negocios	व्यापार विद्यालय (m)	vyāpār vidyālay
casino (m)	केसिनो (m)	kesino
construcción (f)	निर्माण (m)	nirmān
consultoría (f)	परामर्श सेवा (f)	parāmarsh seva
estomatología (f)	दंतचिकित्सा क्लिनिक (f)	dantachikitsa klinik
diseño (m)	डिज़ाइन (m)	dizain
farmacia (f)	दवाख़ाना (m)	davākhāna
tintorería (f)	ड्राइक्लीनिंग (f)	draiklīning
agencia (f) de empleo	रोज़गार एजेंसी (f)	rozagār ejensī
servicios (m pl) financieros	वित्त सेवा (f)	vitt seva
productos alimenticios	खाद्य पदार्थ (m)	khādy padārth
funeraria (f)	शमशान घाट (m)	shamashān ghāt
muebles (m pl)	फ़र्निचर (m)	farnichar
ropa (f)	पोशाक (m)	poshāk
hotel (m)	होटल (m)	hotal
helado (m)	आईसक्रीम (f)	āīsakrīm
industria (f)	उद्योग (m)	udyog
seguro (m)	बीमा (m)	bīma
internet (m), red (f)	इन्टरनेट (m)	intaranet
inversiones (f pl)	निवेश (f)	nivesh
joyero (m)	सुनार (m)	sunār
joyería (f)	आभूषण (m)	ābhūshan
lavandería (f)	धोबीघर (m)	dhobīghar
asesoría (f) jurídica	कानूनी सलाह (f)	kānūnī salāh
industria (f) ligera	हल्का उद्योग (m)	halka udyog
revista (f)	पत्रिका (f)	patrika
venta (f) por catálogo	मेल-ऑर्डर विक्रय (m)	mel-ordar vikray
medicina (f)	औषधि (f)	aushadhi
cine (m) (iremos al ~)	सिनेमाघर (m)	sinemāghar
museo (m)	संग्रहालय (m)	sangrahālay
agencia (f) de información	सूचना केन्द्र (m)	sūchana kendr
periódico (m)	अख़बार (m)	akhabār
club (m) nocturno	नाइट क्लब (m)	nait klab
petróleo (m)	पेट्रोलियम (m)	petroliyam
servicio (m) de entrega	कूरियर सेवा (f)	kuriyar seva
industria (f) farmacéutica	औषधि (f)	aushadhi
poligrafía (f)	छपाई (m)	chhapaī
editorial (f)	प्रकाशन गृह (m)	prakāshan grh
radio (f)	रेडियो (m)	rediyo
inmueble (m)	अचल संपत्ति (f)	achal sampatti
restaurante (m)	रेस्टरॉं (m)	restarān

agencia (f) de seguridad	सुरक्षा एजेंसी (f)	suraksha ejensī
deporte (m)	क्रीड़ा (f)	krīra
bolsa (f) de comercio	स्टॉक मार्केट (m)	stok mārket
tienda (f)	दुकान (f)	dukān
supermercado (m)	सुपर बाज़ार (m)	supar bāzār
piscina (f)	तरण-ताल (m)	taran-tāl
taller (m)	दर्ज़ी (m)	darzī
televisión (f)	टीवी (m)	tīvī
teatro (m)	रंगमंच (m)	rangamanch
comercio (m)	व्यापार (m)	vyāpār
servicios de transporte	परिवहन (m)	parivahan
turismo (m)	पर्यटन (m)	paryatan
veterinario (m)	पशुचिकित्सक (m)	pashuchikitsak
almacén (m)	भंडार (m)	bhandār
recojo (m) de basura	कूड़ा उठाने की सेवा (f)	kūra uthāne kī seva

El trabajo. Los negocios. Unidad 2

83. La exhibición. La feria comercial

exposición, feria (f)	प्रदर्शनी (f)	pradarshanī
feria (f) comercial	व्यापारिक प्रदर्शनी (f)	vyāpārik pradarshanī
participación (f)	शिरकत (f)	shirakat
participar (vi)	भाग लेना	bhāg lena
participante (m)	प्रतिभागी (m)	pratibhāgī
director (m)	निदेशक (m)	nideshak
dirección (f)	आयोजकों का कार्यालय (m)	āyojakon ka kāryālay
organizador (m)	आयोजक (m)	āyojak
organizar (vt)	आयोजित करना	āyojit karana
solicitud (f) de participación	प्रतिभागी प्रपत्र (m)	pratibhāgī prapatr
rellenar (vt)	भरना	bharana
detalles (m pl)	विवरण (m)	vivaran
información (f)	जानकारी (f)	jānakārī
precio (m)	दाम (m)	dām
incluso	सहित	sahit
incluir (vt)	शामिल करना	shāmil karana
pagar (vi, vt)	दाम चुकाना	dām chukāna
cuota (f) de registro	पंजीकरण शुल्क (f)	panjīkaran shulk
entrada (f)	प्रवेश (m)	pravesh
pabellón (m)	हॉल (m)	hol
registrar (vt)	पंजीकरण करवाना	panjīkaran karavāna
tarjeta (f) de identificación	बैज (f)	baij
stand (m) de feria	स्टेंड (m)	stend
reservar (vt)	बुक करना	buk karana
vitrina (f)	प्रदर्शन खिड़की (f)	pradarshan khirakī
lámpara (f)	स्पॉटलाइट (f)	spotalait
diseño (m)	डिज़ाइन (m)	dizain
poner (colocar)	रखना	rakhana
distribuidor (m)	वितरक (m)	vitarak
proveedor (m)	आपूर्तिकर्ता (m)	āpūrtikarta
país (m)	देश (m)	desh
extranjero (adj)	विदेश	videsh
producto (m)	उत्पाद (m)	utpād
asociación (f)	संस्था (f)	sanstha
sala (f) de conferencias	सम्मेलन भवन (m)	sammelan bhavan
congreso (m)	सम्मेलन (m)	sammelan

concurso (m)	प्रतियोगिता (f)	pratiyogita
visitante (m)	सहभागी (m)	sahabhāgī
visitar (vt)	भाग लेना	bhāg lena
cliente (m)	ग्राहक (m)	grāhak

84. La ciencia. La investigación. Los científicos

ciencia (f)	विज्ञान (m)	vigyān
científico (adj)	वैज्ञानिक	vaigyānik
científico (m)	वैज्ञानिक (m)	vaigyānik
teoría (f)	सिद्धांत (f)	siddhānt
axioma (m)	सिद्ध प्रमाण (m)	siddh pramān
análisis (m)	विश्लेषण (m)	vishleshan
analizar (vt)	विश्लेषण करना	vishleshan karana
argumento (m)	तथ्य (m)	tathy
sustancia (f) (materia)	पदार्थ (m)	padārth
hipótesis (f)	परिकल्पना (f)	parikalpana
dilema (m)	दुविधा (m)	duvidha
tesis (f) de grado	शोधनिबंध (m)	shodhanibandh
dogma (m)	हठधर्मिता (f)	hathadharmita
doctrina (f)	सिद्धांत (m)	siddhānt
investigación (f)	शोध (m)	shodh
investigar (vt)	शोध करना	shodh karana
prueba (f)	जांच (f)	jānch
laboratorio (m)	प्रयोगशाला (f)	prayogashāla
método (m)	वीधि (f)	vīdhi
molécula (f)	अणु (m)	anu
seguimiento (m)	निगरानी (f)	nigarānī
descubrimiento (m)	आविष्कार (m)	āvishkār
postulado (m)	स्वसिद्ध (m)	svasiddh
principio (m)	सिद्धांत (m)	siddhānt
pronóstico (m)	पूर्वानुमान (m)	pūrvānumān
pronosticar (vt)	पूर्वानुमान करना	pūrvānumān karana
síntesis (f)	संश्लेषण (m)	sanshleshan
tendencia (f)	प्रवृति (f)	pravrtti
teorema (m)	प्रमेय (m)	pramey
enseñanzas (f pl)	शिक्षा (f)	shiksha
hecho (m)	तथ्य (m)	tathy
expedición (f)	अभियान (m)	abhiyān
experimento (m)	प्रयोग (m)	prayog
académico (m)	अकदमीशियन (m)	akadamīshiyan
bachiller (m)	स्नातक (m)	snātak
doctorado (m)	डॉक्टर (m)	doktar
docente (m)	सह - प्राध्यापक (m)	sah - prādhyāpak
Master (m) (~ en Letras)	स्नातकोत्तर (m)	snātakottar
profesor (m)	प्रोफ़ेसर (m)	profesar

Las profesiones y los oficios

85. La búsqueda de trabajo. El despido

trabajo (m)	नौकरी (f)	naukarī
personal (m)	कर्मचारी (m)	karmachārī
carrera (f)	व्यवसाय (m)	vyavasāy
perspectiva (f)	संभावना (f)	sambhāvana
maestría (f)	हुनर (m)	hunar
selección (f)	चुनाव (m)	chunāv
agencia (f) de empleo	रोज़गार केन्द्र (m)	rozagār kendr
curriculum vitae (m)	रेज़्यूम (m)	rijyūm
entrevista (f)	नौकरी के लिए साक्षात्कार (m)	naukarī ke lie sākshātkār
vacancia (f)	रिक्ति (f)	rikti
salario (m)	वेतन (m)	vetan
salario (m) fijo	वेतन (m)	vetan
remuneración (f)	भुगतान (m)	bhugatān
puesto (m) (trabajo)	पद (m)	pad
deber (m)	कर्तव्य (m)	kartavy
gama (f) de deberes	कार्य-क्षेत्र (m)	kāry-kshetr
ocupado (adj)	व्यस्त	vyast
despedir (vt)	बरख़ास्त करना	barakhāst karana
despido (m)	बरख़ास्तगी (f)	barakhāstagī
desempleo (m)	बेरोज़गारी (f)	berozagārī
desempleado (m)	बेरोज़गार (m)	berozagār
jubilación (f)	सेवा-निवृत्ति (f)	seva-nivrtti
jubilarse	सेवा-निवृत्त होना	seva-nivrtt hona

86. Los negociantes

director (m)	निदेशक (m)	nideshak
gerente (m)	प्रबंधक (m)	prabandhak
jefe (m)	मालिक (m)	mālik
superior (m)	वरिष्ठ अधिकारी (m)	varishth adhikārī
superiores (m pl)	वरिष्ठ अधिकारी (m)	varishth adhikārī
presidente (m)	अध्यक्ष (m)	adhyaksh
presidente (m) (de compañía)	सभाध्यक्ष (m)	sabhādhyaksh
adjunto (m)	उपाध्यक्ष (m)	upādhyaksh
asistente (m)	सहायक (m)	sahāyak

secretario, -a (m, f)	सेक्रटरी (f)	sekratarī
secretario (m) particular	निजी सहायक (m)	nijī sahāyak
hombre (m) de negocios	व्यापारी (m)	vyāpārī
emprendedor (m)	उद्यमी (m)	udyamī
fundador (m)	संस्थापक (m)	sansthāpak
fundar (vt)	स्थापित करना	sthāpit karana
institutor (m)	स्थापक (m)	sthāpak
socio (m)	पार्टनर (m)	pārtanar
accionista (m)	शेयर होलडर (m)	sheyar holadar
millonario (m)	लखपति (m)	lakhapati
multimillonario (m)	करोड़पति (m)	karorapati
propietario (m)	मालिक (m)	mālik
terrateniente (m)	ज़मीनदार (m)	zamīnadār
cliente (m)	ग्राहक (m)	grāhak
cliente (m) habitual	खरीदार (m)	kharīdār
comprador (m)	ग्राहक (m)	grāhak
visitante (m)	आगंतुक (m)	āgantuk
profesional (m)	पेशेवर (m)	peshevar
experto (m)	विशेषज्ञ (m)	visheshagy
especialista (m)	विशेषज्ञ (m)	visheshagy
banquero (m)	बैंकर (m)	bainkar
broker (m)	ब्रोकर (m)	brokar
cajero (m)	कैशियर (m)	kaishiyar
contable (m)	लेखापाल (m)	lekhāpāl
guardia (m) de seguridad	पहरेदार (m)	paharedār
inversionista (m)	निवेशक (m)	niveshak
deudor (m)	क़र्ज़दार (m)	qarzadār
acreedor (m)	लेनदार (m)	lenadār
prestatario (m)	कर्ज़दार (m)	karzadār
importador (m)	आयातकर्ता (m)	āyātakartta
exportador (m)	निर्यातकर्ता (m)	niryātakartta
productor (m)	उत्पादक (m)	utpādak
distribuidor (m)	वितरक (m)	vitarak
intermediario (m)	बिचौलिया (m)	bichauliya
asesor (m) (~ fiscal)	सलाहकार (m)	salāhakār
representante (m)	बिक्री प्रतिनिधि (m)	bikrī pratinidhi
agente (m)	एजेंट (m)	ejent
agente (m) de seguros	बीमा एजन्ट (m)	bīma ejant

87. Los trabajos de servicio

cocinero (m)	बावरची (m)	bāvarachī
jefe (m) de cocina	मुख्य बावरची (m)	mukhy bāvarachī

panadero (m)	बेकर (m)	bekar
barman (m)	बारेटेन्डर (m)	bāretendar
camarero (m)	बैरा (m)	baira
camarera (f)	बैरा (f)	baira
abogado (m)	वकील (m)	vakīl
jurista (m)	वकील (m)	vakīl
notario (m)	नोटरी (m)	notarī
electricista (m)	बिजलीवाला (m)	bijalīvāla
fontanero (m)	प्लम्बर (m)	plambar
carpintero (m)	बढ़ई (m)	barhī
masajista (m)	मालिशिया (m)	mālishiya
masajista (f)	मालिशिया (m)	mālishiya
médico (m)	चिकित्सक (m)	chikitsak
taxista (m)	टैक्सीवाला (m)	taiksīvāla
chofer (m)	ड्राइवर (m)	draivar
repartidor (m)	कूरियर (m)	kūriyar
camarera (f)	चैम्बरमेड (f)	chaimbaramed
guardia (m) de seguridad	पहरेदार (m)	paharedār
azafata (f)	एयर होस्टेस (f)	eyar hostes
profesor (m) (~ de baile, etc.)	शिक्षक (m)	shikshak
bibliotecario (m)	पुस्तकाध्यक्ष (m)	pustakādhyaksh
traductor (m)	अनुवादक (m)	anuvādak
intérprete (m)	दुभाषिया (m)	dubhāshiya
guía (m)	गाइड (m)	gaid
peluquero (m)	नाई (m)	naī
cartero (m)	डाकिया (m)	dākiya
vendedor (m)	विक्रेता (m)	vikreta
jardinero (m)	माली (m)	mālī
servidor (m)	नौकर (m)	naukar
criada (f)	नौकरानी (f)	naukarānī
mujer (f) de la limpieza	सफ़ाईवाली (f)	safaīvālī

88. La profesión militar y los rangos

soldado (m) raso	सैनिक (m)	sainik
sargento (m)	सार्जेंट (m)	sārjent
teniente (m)	लेफ्टिनेंट (m)	leftinent
capitán (m)	कैप्टन (m)	kaiptan
mayor (m)	मेजर (m)	mejar
coronel (m)	कर्नल (m)	karnal
general (m)	जनरल (m)	janaral
mariscal (m)	मार्शल (m)	mārshal
almirante (m)	एडमिरल (m)	edamiral
militar (m)	सैनिक (m)	sainik
soldado (m)	सिपाही (m)	sipāhī

oficial (m)	अफ़्सर (m)	afsar
comandante (m)	कमांडर (m)	kamāndar

guardafronteras (m)	सीमा रक्षक (m)	sīma rakshak
radio-operador (m)	रेडियो ऑपरेटर (m)	rediyo oparetar
explorador (m)	गुप्तचर (m)	guptachar
zapador (m)	युद्ध इंजीनियर (m)	yuddh injīniyar
tirador (m)	तीरंदाज़ (m)	tīrandāz
navegador (m)	नैवीगेटर (m)	naivīgetar

89. Los oficiales. Los sacerdotes

rey (m)	बादशाह (m)	bādashāh
reina (f)	महारानी (f)	mahārānī

príncipe (m)	राजकुमार (m)	rājakumār
princesa (f)	राजकुमारी (f)	rājakumārī

zar (m)	राजा (m)	rāja
zarina (f)	रानी (f)	rānī

presidente (m)	राष्ट्रपति (m)	rāshtrapati
ministro (m)	मंत्री (m)	mantrī
primer ministro (m)	प्रधान मंत्री (m)	pradhān mantrī
senador (m)	सांसद (m)	sānsad

diplomático (m)	राजनयिक (m)	rājanayik
cónsul (m)	राजनयिक (m)	rājanayik
embajador (m)	राजदूत (m)	rājadūt
consejero (m)	राजनयिक परामर्शदाता (m)	rājanayik parāmarshadāta

funcionario (m)	अधिकारी (m)	adhikārī
prefecto (m)	अधिकारी (m)	adhikārī
alcalde (m)	मेयर (m)	meyar

juez (m)	न्यायाधीश (m)	nyāyādhīsh
fiscal (m)	अभियोक्ता (m)	abhiyokta

misionero (m)	पादरी (m)	pādarī
monje (m)	मठवासी (m)	mathavāsī
abad (m)	मठाधीश (m)	mathādhīsh
rabino (m)	रब्बी (m)	rabbī

visir (m)	वज़ीर (m)	vazīr
sha (m)	शाह (m)	shāh
jeque (m)	शेख़ (m)	shekh

90. Las profesiones agrícolas

apicultor (m)	मधुमक्खी-पालक (m)	madhumakkhī-pālak
pastor (m)	चरवाहा (m)	charavāha
agrónomo (m)	कृषिविज्ञानी (m)	krshivigyānī

ganadero (m)	पशुपालक (m)	pashupālak
veterinario (m)	पशुचिकित्सक (m)	pashuchikitsak
granjero (m)	किसान (m)	kisān
vinicultor (m)	मदिराकारी (m)	madirākārī
zoólogo (m)	जीव विज्ञानी (m)	jīv vigyānī
vaquero (m)	चरवाहा (m)	charavāha

91. Las profesiones artísticas

actor (m)	अभिनेता (m)	abhineta
actriz (f)	अभिनेत्री (f)	abhinetrī
cantante (m)	गायक (m)	gāyak
cantante (f)	गायिका (f)	gāyika
bailarín (m)	नर्तक (m)	nartak
bailarina (f)	नर्तकी (f)	nartakī
artista (m)	अदाकार (m)	adākār
artista (f)	अदाकारा (f)	adākāra
músico (m)	साज़िन्दा (m)	sāzinda
pianista (m)	पियानो वादक (m)	piyāno vādak
guitarrista (m)	गिटार वादक (m)	gitār vādak
director (m) de orquesta	बैंड कंडक्टर (m)	baind kandaktar
compositor (m)	संगीतकार (m)	sangītakār
empresario (m)	इम्प्रेसारियो (m)	impresāriyo
director (m) de cine	निर्देशक (m)	nirdeshak
productor (m)	प्रोड्यूसर (m)	prodyūsar
guionista (m)	लेखक (m)	lekhak
crítico (m)	आलोचक (m)	ālochak
escritor (m)	लेखक (m)	lekhak
poeta (m)	कवि (m)	kavi
escultor (m)	मूर्तिकार (m)	mūrtikār
pintor (m)	चित्रकार (m)	chitrakār
malabarista (m)	बाज़ीगर (m)	bāzīgar
payaso (m)	जोकर (m)	jokar
acróbata (m)	कलाबाज़ (m)	kalābāz
ilusionista (m)	जादूगर (m)	jādūgar

92. Profesiones diversas

médico (m)	चिकित्सक (m)	chikitsak
enfermera (f)	नर्स (m)	nars
psiquiatra (m)	मनोचिकित्सक (m)	manochikitsak
dentista (m)	दंतचिकित्सक (m)	dantachikitsak
cirujano (m)	शल्य-चिकित्सक (m)	shaly-chikitsak

astronauta (m)	अंतरिक्षयात्री (m)	antarikshayātrī
astrónomo (m)	खगोल-विज्ञानी (m)	khagol-vigyānī
piloto (m)	पाइलट (m)	pailat
conductor (m) (chófer)	ड्राइवर (m)	draivar
maquinista (m)	इंजन ड्राइवर (m)	injan draivar
mecánico (m)	मैकेनिक (m)	maikenik
minero (m)	खनिक (m)	khanik
obrero (m)	मज़दूर (m)	mazadūr
cerrajero (m)	ताला बनानेवाला (m)	tāla banānevāla
carpintero (m)	बढ़ई (m)	barhī
tornero (m)	खरादी (m)	kharādī
albañil (m)	मज़ूदर (m)	mazūdar
soldador (m)	वेल्डर (m)	veldar
profesor (m) (título)	प्रोफ़ेसर (m)	profesar
arquitecto (m)	वास्तुकार (m)	vāstukār
historiador (m)	इतिहासकार (m)	itihāsakār
científico (m)	वैज्ञानिक (m)	vaigyānik
físico (m)	भौतिक विज्ञानी (m)	bhautik vigyānī
químico (m)	रसायनविज्ञानी (m)	rasāyanavigyānī
arqueólogo (m)	पुरातत्वविद (m)	purātatvavid
geólogo (m)	भूविज्ञानी (m)	bhūvigyānī
investigador (m)	शोधकर्ता (m)	shodhakarta
niñera (f)	दाई (f)	daī
pedagogo (m)	शिक्षक (m)	shikshak
redactor (m)	संपादक (m)	sampādak
redactor jefe (m)	मुख्य संपादक (m)	mūkhy sampādak
corresponsal (m)	पत्रकार (m)	patrakār
mecanógrafa (f)	टाइपिस्ट (f)	taipist
diseñador (m)	डिज़ाइनर (m)	dizainar
especialista (m) en ordenadores	कंप्यूटर विशेषज्ञ (m)	kampyūtar visheshagy
programador (m)	प्रोग्रामर (m)	progrāmar
ingeniero (m)	इंजीनियर (m)	injīniyar
marino (m)	मल्लाह (m)	mallāh
marinero (m)	मल्लाह (m)	mallāh
socorrista (m)	बचानेवाला (m)	bachānevāla
bombero (m)	दमकल कर्मचारी (m)	damakal karmachārī
policía (m)	पुलिसवाला (m)	pulisavāla
vigilante (m) nocturno	पहरेदार (m)	paharedār
detective (m)	जासूस (m)	jāsūs
aduanero (m)	सीमाशुल्क अधिकारी (m)	sīmāshulk adhikārī
guardaespaldas (m)	अंगरक्षक (m)	angarakshak
guardia (m) de prisiones	जेल का पहरेदार (m)	jel ka paharedār
inspector (m)	अधीक्षक (m)	adhīkshak
deportista (m)	खिलाड़ी (m)	khilārī
entrenador (m)	प्रशिक्षक (m)	prashikshak

carnicero (m)	कसाई (m)	kasaī
zapatero (m)	मोची (m)	mochī
comerciante (m)	व्यापारी (m)	vyāpārī
cargador (m)	कुली (m)	kulī
diseñador (m) de modas	फैशन डिज़ाइनर (m)	faishan dizainar
modelo (f)	मॉडल (m)	modal

93. Los trabajos. El estatus social

escolar (m)	छात्र (m)	chhātr
estudiante (m)	विद्यार्थी (m)	vidyārthī
filósofo (m)	दर्शनशास्त्री (m)	darshanashāstrī
economista (m)	अर्थशास्त्री (m)	arthashāstrī
inventor (m)	आविष्कारक (m)	āvishkārak
desempleado (m)	बेरोज़गार (m)	berozagār
jubilado (m)	सेवा-निवृत्त (m)	seva-nivrtt
espía (m)	गुप्तचर (m)	guptachar
prisionero (m)	क़ैदी (m)	qaidī
huelguista (m)	हड़तालकारी (m)	haratālakārī
burócrata (m)	अफ़सरशाह (m)	afasarashāh
viajero (m)	यात्री (m)	yātrī
homosexual (m)	समलैंगिक (m)	samalaingik
hacker (m)	हैकर (m)	haikar
bandido (m)	डाकू (m)	dākū
sicario (m)	हत्यारा (m)	hatyāra
drogadicto (m)	नशेबाज़ (m)	nashebāz
narcotraficante (m)	नशीली दवाओं का विक्रेता (m)	nashīlī davaon ka vikreta
prostituta (f)	वैश्या (f)	vaishya
chulo (m), proxeneta (m)	दलाल (m)	dalāl
brujo (m)	जादूगर (m)	jādūgar
bruja (f)	डायन (f)	dāyan
pirata (m)	समुद्री लुटेरा (m)	samudrī lūtera
esclavo (m)	दास (m)	dās
samurai (m)	सामुराई (m)	sāmuraī
salvaje (m)	जंगली (m)	jangalī

La educación

94. La escuela

escuela (f)	पाठशाला (m)	pāthashāla
director (m) de escuela	प्रिंसिपल (m)	prinsipal
alumno (m)	छात्र (m)	chhātr
alumna (f)	छात्रा (f)	chhātra
escolar (m)	छात्र (m)	chhātr
escolar (f)	छात्रा (f)	chhātra
enseñar (vt)	पढ़ाना	parhāna
aprender (ingles, etc.)	पढ़ना	parhana
aprender de memoria	याद करना	yād karana
aprender (a leer, etc.)	सीखना	sīkhana
estar en la escuela	स्कूल में पढ़ना	skūl men parhana
ir a la escuela	स्कूल जाना	skūl jāna
alfabeto (m)	वर्णमाला (f)	varnamāla
materia (f)	विषय (m)	vishay
aula (f)	कक्षा (f)	kaksha
lección (f)	पाठ (m)	pāth
recreo (m)	अंतराल (m)	antarāl
campana (f)	स्कूल की घंटी (f)	skūl kī ghantī
pupitre (m)	बेंच (f)	bench
pizarra (f)	चॉकबोर्ड (m)	chokabord
nota (f)	अंक (m)	ank
buena nota (f)	अच्छे अंक (m)	achchhe ank
mala nota (f)	कम अंक (m)	kam ank
poner una nota	मार्क्स देना	mārks dena
falta (f)	ग़लती (f)	galatī
hacer faltas	ग़लती करना	galatī karana
corregir (un error)	ठीक करना	thīk karana
chuleta (f)	कुंजी (f)	kunjī
deberes (m pl) de casa	गृहकार्य (m)	grhakāry
ejercicio (m)	अभ्यास (m)	abhyās
estar presente	उपस्थित होना	upasthit hona
estar ausente	अनुपस्थित होना	anupasthit hona
castigar (vt)	सज़ा देना	saza dena
castigo (m)	सज़ा (f)	saza
conducta (f)	बरताव (m)	baratāv
libreta (f) de notas	रिपोर्ट कार्ड (f)	riport kārd

lápiz (m)	पेंसिल (f)	pensil
goma (f) de borrar	रबड़ (f)	rabar
tiza (f)	चॉक (m)	chok
cartuchera (f)	पेंसिल का डिब्बा (m)	pensil ka dibba

mochila (f)	बस्ता (m)	basta
bolígrafo (m)	कलम (m)	kalam
cuaderno (m)	कॉपी (f)	kopī

manual (m)	पाठ्यपुस्तक (f)	pāthyapustak
compás (m)	कंपास (m)	kampās

trazar (vi, vt)	तकनीकी चित्रकारी बनाना	takanīkī chitrakārī banāna
dibujo (m) técnico	तकनीकी चित्रकारी (f)	takanīkī chitrakārī

poema (m), poesía (f)	कविता (f)	kavita
de memoria (adv)	रटकर	ratakar
aprender de memoria	याद करना	yād karana

vacaciones (f pl)	छुट्टियाँ (f pl)	chhuttiyān
estar de vacaciones	छुट्टी पर होना	chhuttī par hona

prueba (f) escrita	परीक्षा (f)	parīksha
composición (f)	रचना (f)	rachana
dictado (m)	श्रुतलेख (m)	shrutalekh

examen (m)	परीक्षा (f)	parīksha
hacer un examen	परीक्षा देना	parīksha dena
experimento (m)	परीक्षण (m)	parīkshan

95. Los institutos. La Universidad

academia (f)	अकादमी (f)	akādamī
universidad (f)	विश्वविद्यालय (m)	vichvavidyālay
facultad (f)	संकाय (f)	sankāy

estudiante (m)	छात्र (m)	chhātr
estudiante (f)	छात्रा (f)	chhātra
profesor (m)	अध्यापक (m)	adhyāpak

aula (f)	व्याख्यान कक्ष (m)	vyākhyān kaksh
graduado (m)	स्नातक (m)	snātak

diploma (m)	डिप्लोमा (m)	diploma
tesis (f) de grado	शोधनिबंध (m)	shodhanibandh

estudio (m)	अध्ययन (m)	adhyayan
laboratorio (m)	प्रयोगशाला (f)	prayogashāla

clase (f)	व्याख्यान (f)	vyākhyān
compañero (m) de curso	सहपाठी (m)	sahapāthī

beca (f)	छात्रवृति (f)	chhātravrtti
grado (m) académico	शैक्षणिक डिग्री (f)	shaikshanik digrī

96. Las ciencias. Las disciplinas

matemáticas (f pl)	गणितशास्त्र (m)	ganitashāstr
álgebra (f)	बीजगणित (m)	bījaganit
geometría (f)	रेखागणित (m)	rekhāganit

astronomía (f)	खगोलवैज्ञान (m)	khagolavaigyān
biología (f)	जीवविज्ञान (m)	jīvavigyān
geografía (f)	भूगोल (m)	bhūgol
geología (f)	भूविज्ञान (m)	bhūvigyān
historia (f)	इतिहास (m)	itihās

medicina (f)	चिकित्सा (m)	chikitsa
pedagogía (f)	शिक्षाविज्ञान (m)	shikshāvigyān
derecho (m)	कानून (m)	kānūn

física (f)	भौतिकविज्ञान (m)	bhautikavigyān
química (f)	रसायन (m)	rasāyan
filosofía (f)	दर्शनशास्त्र (m)	darshanashāstr
psicología (f)	मनोविज्ञान (m)	manovigyān

97. Los sistemas de escritura. La ortografía

gramática (f)	व्याकरण (m)	vyākaran
vocabulario (m)	शब्दावली (f)	shabdāvalī
fonética (f)	स्वरविज्ञान (m)	svaravigyān

sustantivo (m)	संज्ञा (f)	sangya
adjetivo (m)	विशेषण (m)	visheshan
verbo (m)	क्रिया (m)	kriya
adverbio (m)	क्रिया विशेषण (f)	kriya visheshan

pronombre (m)	सर्वनाम (m)	sarvanām
interjección (f)	विस्मयादिबोधक (m)	vismayādibodhak
preposición (f)	पूर्वसर्ग (m)	pūrvasarg

raíz (f), radical (m)	मूल शब्द (m)	mūl shabd
desinencia (f)	अन्त्याक्षर (m)	antyākshar
prefijo (m)	उपसर्ग (m)	upasarg
sílaba (f)	अक्षर (m)	akshar
sufijo (m)	प्रत्यय (m)	pratyay

| acento (m) | बल चिह्न (m) | bal chihn |
| apóstrofo (m) | वर्णलोप चिह्न (m) | varnalop chihn |

punto (m)	पूर्णविराम (m)	pūrnavirām
coma (m)	उपविराम (m)	upavirām
punto y coma	अर्धविराम (m)	ardhavirām
dos puntos (m pl)	कोलन (m)	kolan
puntos (m pl) suspensivos	तीन बिन्दु (m)	tīn bindu

| signo (m) de interrogación | प्रश्न चिह्न (m) | prashn chihn |
| signo (m) de admiración | विस्मयादिबोधक चिह्न (m) | vismayādibodhak chihn |

comillas (f pl)	उद्धरण चिह्न (m)	uddharan chihn
entre comillas	उद्धरण चिह्न में	uddharan chihn men
paréntesis (m)	कोष्ठक (m pl)	koshthak
entre paréntesis	कोष्ठक में	koshthak men
guión (m)	हाइफन (m)	haifan
raya (f)	डैश (m)	daish
blanco (m)	रिक्त स्थान (m)	rikt sthān
letra (f)	अक्षर (m)	akshar
letra (f) mayúscula	बड़ा अक्षर (m)	bara akshar
vocal (f)	स्वर (m)	svar
consonante (m)	समस्वर (m)	samasvar
oración (f)	वाक्य (m)	vāky
sujeto (m)	कर्ता (m)	kartta
predicado (m)	विधेय (m)	vidhey
línea (f)	पंक्ति (f)	pankti
en una nueva línea	नई पंक्ति पर	naī pankti par
párrafo (m)	अनुच्छेद (m)	anuchchhed
palabra (f)	शब्द (m)	shabd
combinación (f) de palabras	शब्दों का समूह (m)	shabdon ka samūh
expresión (f)	अभिव्यक्ति (f)	abhivyakti
sinónimo (m)	समनार्थक शब्द (m)	samanārthak shabd
antónimo (m)	विपरीतार्थी शब्द (m)	viparītārthī shabd
regla (f)	नियम (m)	niyam
excepción (f)	अपवाद (m)	apavād
correcto (adj)	ठीक	thīk
conjugación (f)	क्रियारूप संयोजन (m)	kriyārūp sanyojan
declinación (f)	विभक्ति-रूप (m)	vibhakti-rūp
caso (m)	कारक (m)	kārak
pregunta (f)	प्रश्न (m)	prashn
subrayar (vt)	रेखांकित करना	rekhānkit karana
línea (f) de puntos	बिन्दुरेखा (f)	bindurekha

98. Los idiomas extranjeros

lengua (f)	भाषा (f)	bhāsha
lengua (f) extranjera	विदेशी भाषा (f)	videshī bhāsha
estudiar (vt)	पढ़ना	parhana
aprender (ingles, etc.)	सीखना	sīkhana
leer (vi, vt)	पढ़ना	parhana
hablar (vi, vt)	बोलना	bolana
comprender (vt)	समझना	samajhana
escribir (vt)	लिखना	likhana
rápidamente (adv)	तेज़	tez
lentamente (adv)	धीरे	dhīre

con fluidez (adv)	धड़ल्ले से	dharalle se
reglas (f pl)	नियम (m pl)	niyam
gramática (f)	व्याकरण (m)	vyākaran
vocabulario (m)	शब्दावली (f)	shabdāvalī
fonética (f)	स्वरविज्ञान (m)	svaravigyān
manual (m)	पाठ्यपुस्तक (f)	pāthyapustak
diccionario (m)	शब्दकोश (m)	shabdakosh
manual (m) autodidáctico	स्वयंशिक्षक पुस्तक (m)	svayanshikshak pustak
guía (f) de conversación	वार्त्तालाप-पुस्तिका (f)	vārttālāp-pustika
casete (m)	कैसेट (f)	kaiset
videocasete (f)	वीडियो कैसेट (m)	vīdiyo kaiset
disco compacto, CD (m)	सीडी (m)	sīdī
DVD (m)	डीवीडी (m)	dīvīdī
alfabeto (m)	वर्णमाला (f)	varnamāla
deletrear (vt)	हिज्जे करना	hijje karana
pronunciación (f)	उच्चारण (m)	uchchāran
acento (m)	लहज़ा (m)	lahaza
con acento	लहज़े के साथ	lahaze ke sāth
sin acento	बिना लहज़े	bina lahaze
palabra (f)	शब्द (m)	shabd
significado (m)	मतलब (m)	matalab
cursos (m pl)	पाठ्यक्रम (m)	pāthyakram
inscribirse (vr)	सदस्य बनना	sadasy banana
profesor (m) (~ de inglés)	शिक्षक (m)	shikshak
traducción (f) (proceso)	तर्जुमा (m)	tarjuma
traducción (f) (texto)	अनुवाद (m)	anuvād
traductor (m)	अनुवादक (m)	anuvādak
intérprete (m)	दुभाषिया (m)	dubhāshiya
políglota (m)	बहुभाषी (m)	bahubhāshī
memoria (f)	स्मृति (f)	smrti

El descanso. El entretenimiento. El viaje

99. Las vacaciones. El viaje

turismo (m)	पर्यटन (m)	paryatan
turista (m)	पर्यटक (m)	paryatak
viaje (m)	यात्रा (f)	yātra
aventura (f)	जाँबाज़ी (f)	jānbāzī
viaje (m) (p.ej. ~ en coche)	यात्रा (f)	yātra
vacaciones (f pl)	छुट्टी (f)	chhuttī
estar de vacaciones	छुट्टी पर होना	chhuttī par hona
descanso (m)	आराम (m)	ārām
tren (m)	रेलगाड़ी, ट्रेन (f)	relagārī, tren
en tren	रैलगाड़ी से	railagārī se
avión (m)	विमान (m)	vimān
en avión	विमान से	vimān se
en coche	कार से	kār se
en barco	जहाज़ पर	jahāz par
equipaje (m)	सामान (m)	sāmān
maleta (f)	सूटकेस (m)	sūtakes
carrito (m) de equipaje	सामान के लिये गाड़ी (f)	sāmān ke liye gārī
pasaporte (m)	पासपोर्ट (m)	pāsaport
visado (m)	वीज़ा (m)	vīza
billete (m)	टिकट (m)	tikat
billete (m) de avión	हवाई टिकट (m)	havaī tikat
guía (f) (libro)	गाइडबुक (f)	gaidabuk
mapa (m)	नक्शा (m)	naksha
área (f) (~ rural)	क्षेत्र (m)	kshetr
lugar (m)	स्थान (m)	sthān
exotismo (m)	विचित्र वस्तुएं	vichitr vastuen
exótico (adj)	विचित्र	vichitr
asombroso (adj)	अजीब	ajīb
grupo (m)	समूह (m)	samūh
excursión (f)	पर्यटन (f)	paryatan
guía (m) (persona)	गाइड (m)	gaid

100. El hotel

hotel (m)	होटल (f)	hotal
motel (m)	मोटल (m)	motal
de tres estrellas	तीन सितारा	tīn sitāra

de cinco estrellas	पाँच सितारा	pānch sitāra
hospedarse (vr)	ठहरना	thaharana
habitación (f)	कमरा (m)	kamara
habitación (f) individual	एक पलंग का कमरा (m)	ek palang ka kamara
habitación (f) doble	दो पलंगों का कमरा (m)	do palangon ka kamara
reservar una habitación	कमरा बुक करना	kamara buk karana
media pensión (f)	हाफ़-बोर्ड (m)	hāf-bord
pensión (f) completa	फ़ुल-बोर्ड (m)	ful-bord
con baño	स्नानघर के साथ	snānaghar ke sāth
con ducha	शॉवर के साथ	shovar ke sāth
televisión (f) satélite	सैटेलाइट टेलीविज़न (m)	saitelait telīvizan
climatizador (m)	एयर-कंडिशनर (m)	eyar-kandishanar
toalla (f)	तौलिया (f)	tauliya
llave (f)	चाबी (f)	chābī
administrador (m)	मैनेजर (m)	mainejar
camarera (f)	चैमबरमैड (f)	chaimabaramaid
maletero (m)	कुली (m)	kulī
portero (m)	दरबान (m)	darabān
restaurante (m)	रेस्टरॉं (m)	restarān
bar (m)	बार (m)	bār
desayuno (m)	नाश्ता (m)	nāshta
cena (f)	रात्रिभोज (m)	rātribhoj
buffet (m) libre	बुफ़े (m)	bufe
vestíbulo (m)	लॉबी (f)	lobī
ascensor (m)	लिफ़्ट (m)	lift
NO MOLESTAR	परेशान न करें	pareshān na karen
PROHIBIDO FUMAR	धुम्रपान निषेध!	dhumrapān nishedh!

EL EQUIPO TÉCNICO. EL TRANSPORTE

El equipo técnico

101. El computador

ordenador (m)	कंप्यूटर (m)	kampyūtar
ordenador (m) portátil	लैपटॉप (m)	laipatop
encender (vt)	चलाना	chalāna
apagar (vt)	बंद करना	band karana
teclado (m)	कीबोर्ड (m)	kībord
tecla (f)	कुंजी (m)	kunjī
ratón (m)	माऊस (m)	maus
alfombrilla (f) para ratón	माऊस पैड (m)	maus paid
botón (m)	बटन (m)	batan
cursor (m)	कर्सर (m)	karsar
monitor (m)	मॉनिटर (m)	monitar
pantalla (f)	स्क्रीन (m)	skrīn
disco (m) duro	हार्ड डिस्क (m)	hārd disk
volumen (m) de disco duro	हार्ड डिस्क क्षमता (f)	hārd disk kshamata
memoria (f)	मेमोरी (f)	memorī
memoria (f) operativa	रैंडम ऐक्सेस मेमोरी (f)	raindam aikses memorī
archivo, fichero (m)	फ़ाइल (f)	fail
carpeta (f)	फ़ोल्डर (m)	foldar
abrir (vt)	खोलना	kholana
cerrar (vt)	बंद करना	band karana
guardar (un archivo)	सहेजना	sahejana
borrar (vt)	हटाना	hatāna
copiar (vt)	कॉपी करना	kopī karana
ordenar (vt) (~ de A a Z, etc.)	व्यवस्थित करना	vyavasthit karana
transferir (vt)	स्थानांतरित करना	sthānāntarit karana
programa (m)	प्रोग्राम (m)	progrām
software (m)	सोफ़्टवेयर (m)	softaveyar
programador (m)	प्रोग्रामर (m)	progrāmar
programar (vt)	प्रोग्राम करना	program karana
hacker (m)	हैकर (m)	haikar
contraseña (f)	पासवर्ड (m)	pāsavard
virus (m)	वाइरस (m)	vairas
detectar (vt)	तलाश करना	talāsh karana
octeto, byte (m)	बाइट (m)	bait

megaocteto (m)	मेगाबाइट (m)	megābait
datos (m pl)	डाटा (m pl)	dāta
base (f) de datos	डाटाबेस (m)	dātābes
cable (m)	तार (m)	tār
desconectar (vt)	अलग करना	alag karana
conectar (vt)	जोड़ना	jorana

102. El internet. El correo electrónico

internet (m), red (f)	इन्टरनेट (m)	intaranet
navegador (m)	ब्राउज़र (m)	brauzar
buscador (m)	सर्च इंजन (f)	sarch injan
proveedor (m)	प्रोवाइडर (m)	provaidar
webmaster (m)	वेब मास्टर (m)	veb māstar
sitio (m) web	वेब साइट (m)	veb sait
página (f) web	वेब पृष्ठ (m)	veb prshth
dirección (f)	पता (m)	pata
libro (m) de direcciones	सम्पर्क पुस्तक (f)	sampark pustak
buzón (m)	मेलबॉक्स (m)	melaboks
correo (m)	डाक (m)	dāk
mensaje (m)	संदेश (m)	sandesh
expedidor (m)	प्रेषक (m)	preshak
enviar (vt)	भेजना	bhejana
envío (m)	भेजना (m)	bhejana
destinatario (m)	प्रासकर्ती (m)	prāptakarta
recibir (vt)	प्रास करना	prāpt karana
correspondencia (f)	पत्राचार (m)	patrāchār
escribirse con …	पत्राचार करना	patrāchār karana
archivo, fichero (m)	फ़ाइल (f)	fail
descargar (vt)	डाउनलोड करना	daunalod karana
crear (vt)	बनाना	banāna
borrar (vt)	हटाना	hatāna
borrado (adj)	हटा दिया गया	hata diya gaya
conexión (f) (ADSL, etc.)	कनेक्शन (m)	kanekshan
velocidad (f)	रफ़्तार (f)	rafatār
módem (m)	मोडेम (m)	modem
acceso (m)	पहुंच (m)	pahunch
puerto (m)	पोर्ट (m)	port
conexión (f) (establecer la ~)	कनेक्शन (m)	kanekshan
conectarse a …	जुड़ना	jurana
seleccionar (vt)	चुनना	chunana
buscar (vt)	खोजना	khojana

103. La electricidad

Español	Hindi	Transliteración
electricidad (f)	बिजली (f)	bijalī
eléctrico (adj)	बिजली का	bijalī ka
central (f) eléctrica	बिजलीघर (m)	bijalīghar
energía (f)	ऊर्जा (f)	ūrja
energía (f) eléctrica	विद्युत शक्ति (f)	vidyut shakti
bombilla (f)	बल्ब (m)	balb
linterna (f)	फ्लैशलाइट (f)	flaishalait
farola (f)	सड़क की बत्ती (f)	sarak kī battī
luz (f)	बिजली (f)	bijalī
encender (vt)	चलाना	chalāna
apagar (vt)	बंद करना	band karana
apagar la luz	बिजली बंद करना	bijalī band karana
quemarse (vr)	फ्यूज़ होना	fyūz hona
circuito (m) corto	शाॅटे सर्किट (m)	shārt sarkit
ruptura (f)	टूटा तार (m)	tūta tār
contacto (m)	साॅकेट (m)	soket
interruptor (m)	स्विच (m)	svich
enchufe (m)	साॅकेट (m)	soket
clavija (f)	प्लग (m)	plag
alargador (m)	एक्स्टेंशन कोर्ड (m)	ekstenshan kord
fusible (m)	फ्यूज़ (m)	fyūz
cable, hilo (m)	तार (m)	tār
instalación (f) eléctrica	तार (m)	tār
amperio (m)	ऐम्पेयर (m)	aimpeyar
amperaje (m)	विद्युत शक्ति (f)	vidyut shakti
voltio (m)	वोल्ट (m)	volt
voltaje (m)	वोल्टेज (f)	voltej
aparato (m) eléctrico	विद्युत यंत्र (m)	vidyut yantr
indicador (m)	सूचक (m)	sūchak
electricista (m)	विद्युत कारीगर (m)	vidyut kārīgar
soldar (vt)	धातु जोड़ना	dhātu jorana
soldador (m)	सोल्डरिंग आयरन (m)	soldaring āyaran
corriente (f)	विद्युत प्रवाह (f)	vidyut pravāh

104. Las herramientas

Español	Hindi	Transliteración
instrumento (m)	औज़ार (m)	auzār
instrumentos (m pl)	औज़ार (m pl)	auzār
maquinaria (f)	मशीन (f)	mashīn
martillo (m)	हथौड़ी (f)	hathaurī
destornillador (m)	पेंचकस (m)	penchakas
hacha (f)	कुल्हाड़ी (f)	kulhārī

sierra (f)	आरी (f)	ārī
serrar (vt)	आरी से काटना	ārī se kātana
cepillo (m)	रंदा (m)	randa
cepillar (vt)	छीलना	chhīlana
soldador (m)	सोल्डरिंग आयरन (m)	soldaring āyaran
soldar (vt)	धातु जोड़ना	dhātu jorana
lima (f)	रेती (f)	retī
tenazas (f pl)	संडसी (f pl)	sandasī
alicates (m pl)	प्लायर (m)	plāyar
escoplo (m)	छेनी (f)	chhenī
broca (f)	ड्रिल बिट (m)	dril bit
taladro (m)	विद्युतीय बरमा (m)	vidyutīy barama
taladrar (vi, vt)	ड्रिल करना	dril karana
cuchillo (m)	छुरी (f)	chhurī
filo (m)	धार (f)	dhār
agudo (adj)	कटीला	katīla
embotado (adj)	कुंद	kund
embotarse (vr)	कुंद करना	kund karana
afilar (vt)	धारदार बनाना	dhāradār banāna
perno (m)	बोल्ट (m)	bolt
tuerca (f)	नट (m)	nat
filete (m)	चूड़ी (f)	chūrī
tornillo (m)	पेंच (m)	pench
clavo (m)	कील (f)	kīl
cabeza (f) del clavo	कील का सिरा (m)	kīl ka sira
regla (f)	स्केल (m)	skel
cinta (f) métrica	इंची टेप (m)	inchī tep
nivel (m) de burbuja	स्पिरिट लेवल (m)	spirit leval
lupa (f)	आवर्धक लेंस (m)	āvardhak lens
aparato (m) de medida	मापक यंत्र (m)	māpak yantr
medir (vt)	मापना	māpana
escala (f) (~ métrica)	स्केल (f)	skel
lectura (f)	पाठ्यांक (m pl)	pāthyānk
compresor (m)	कंप्रेसर (m)	kampresar
microscopio (m)	माइक्रोस्कोप (m)	maikroskop
bomba (f) (~ de agua)	पंप (m)	pamp
robot (m)	रोबोट (m)	robot
láser (m)	लेज़र (m)	lezar
llave (f) de tuerca	रिंच (m)	rinch
cinta (f) adhesiva	फ़ीता (m)	fīta
cola (f), pegamento (m)	लेई (f)	leī
papel (m) de lija	रेगमाल (m)	regamāl
resorte (m)	कमानी (f)	kamānī
imán (m)	मैग्नेट (m)	maignet

guantes (m pl)	दस्ताने (m pl)	dastāne
cuerda (f)	रस्सी (f)	rassī
cordón (m)	डोरी (f)	dorī
hilo (m) (~ eléctrico)	तार (m)	tār
cable (m)	केबल (m)	kebal
almádana (f)	हथौड़ा (m)	hathaura
barra (f)	रंभा (m)	rambha
escalera (f) portátil	सीढ़ी (f)	sīrhī
escalera (f) de tijera	सीढ़ी (f)	sīrhī
atornillar (vt)	कसना	kasana
destornillar (vt)	घुमाकर खोलना	ghumākar kholana
apretar (vt)	कसना	kasana
pegar (vt)	चिपकाना	chipakāna
cortar (vt)	काटना	kātana
fallo (m)	ख़राबी (f)	kharābī
reparación (f)	मरम्मत (f)	marammat
reparar (vt)	मरम्मत करना	marammat karana
regular, ajustar (vt)	ठीक करना	thīk karana
verificar (vt)	जांचना	jānchana
control (m)	जांच (f)	jānch
lectura (f) (~ del contador)	पाठ्यांक (m)	pāthyānk
fiable (máquina)	मज़बूत	mazabūt
complicado (adj)	जटिल	jatil
oxidarse (vr)	ज़ंग लगना	zang lagana
oxidado (adj)	ज़ंग लगा हुआ	zang laga hua
óxido (m)	ज़ंग (m)	zang

El transporte

105. El avión

avión (m)	विमान (m)	vimān
billete (m) de avión	हवाई टिकट (m)	havaī tikat
compañía (f) aérea	हवाई कम्पनी (f)	havaī kampanī
aeropuerto (m)	हवाई अड्डा (m)	havaī adda
supersónico (adj)	पराध्वनिक	parādhvanik
comandante (m)	कप्तान (m)	kaptān
tripulación (f)	वैमानिक दल (m)	vaimānik dal
piloto (m)	विमान चालक (m)	vimān chālak
azafata (f)	एयर होस्टस (f)	eyar hostas
navegador (m)	नैवीगेटर (m)	naivīgetar
alas (f pl)	पंख (m pl)	pankh
cola (f)	पूँछ (f)	pūnchh
cabina (f)	कॉकपिट (m)	kokapit
motor (m)	इंजन (m)	injan
tren (m) de aterrizaje	हवाई जहाज़ पहिये (m)	havaī jahāz pahiye
turbina (f)	टरबाइन (f)	tarabain
hélice (f)	प्रोपेलर (m)	propelar
caja (f) negra	ब्लैक बॉक्स (m)	blaik boks
timón (m)	कंट्रोल कॉलम (m)	kantrol kolam
combustible (m)	ईंधन (m)	īndhan
instructivo (m) de seguridad	सुरक्षा-पत्र (m)	suraksha-patr
respirador (m) de oxígeno	ऑक्सीजन मास्क (m)	oksījan māsk
uniforme (m)	वर्दी (f)	vardī
chaleco (m) salvavidas	बचाव पेटी (f)	bachāv petī
paracaídas (m)	पैराशूट (m)	pairāshūt
despegue (m)	उड़ान (m)	urān
despegar (vi)	उड़ना	urana
pista (f) de despegue	उड़ान पट्टी (f)	urān pattī
visibilidad (f)	दृश्यता (f)	drshyata
vuelo (m)	उड़ान (m)	urān
altura (f)	ऊंचाई (f)	ūnchaī
pozo (m) de aire	वायु-पॉकेट (m)	vāyu-poket
asiento (m)	सीट (f)	sīt
auriculares (m pl)	हेडफ़ोन (m)	hedafon
mesita (f) plegable	ट्रे टेबल (f)	tre tebal
ventana (f)	हवाई जहाज़ की खिड़की (f)	havaī jahāz kī khirakī
pasillo (m)	गलियारा (m)	galiyāra

106. El tren

tren (m)	रेलगाड़ी, ट्रेन (f)	relagāṛī, tren
tren (m) de cercanías	लोकल ट्रेन (f)	lokal tren
tren (m) rápido	तेज़ रेलगाड़ी (f)	tez relagāṛī
locomotora (f) diésel	डीज़ल रेलगाड़ी (f)	dīzal relagāṛī
tren (m) de vapor	स्टीम इंजन (f)	stīm injan
coche (m)	कोच (f)	koch
coche (m) restaurante	डाइनर (f)	dainar
rieles (m pl)	पटरियाँ (f)	patariyān
ferrocarril (m)	रेलवे (f)	relave
traviesa (f)	पटरियाँ (f)	patariyān
plataforma (f)	प्लेटफ़ॉर्म (m)	pletaform
vía (f)	प्लेटफ़ॉर्म (m)	pletaform
semáforo (m)	सिग्नल (m)	signal
estación (f)	स्टेशन (m)	steshan
maquinista (m)	इंजन ड्राइवर (m)	injan draivar
maletero (m)	कुली (m)	kulī
mozo (m) del vagón	कोच एटेंडेंट (m)	koch etendent
pasajero (m)	मुसाफ़िर (m)	musāfir
revisor (m)	टीटी (m)	tītī
corredor (m)	गलियारा (m)	galiyāra
freno (m) de urgencia	आपात ब्रेक (m)	āpāt brek
compartimiento (m)	डिब्बा (m)	dibba
litera (f)	बर्थ (f)	barth
litera (f) de arriba	ऊपरी बर्थ (f)	ūparī barth
litera (f) de abajo	नीचली बर्थ (f)	nīchalī barth
ropa (f) de cama	बिस्तर (m)	biotar
billete (m)	टिकट (m)	tikat
horario (m)	टाइम टैबुल (m)	taim taibul
pantalla (f) de información	सूचना बोर्ड (m)	sūchana bord
partir (vi)	चले जाना	chale jāna
partida (f) (del tren)	रवानगी (f)	ravānagī
llegar (tren)	पहुंचना	pahunchana
llegada (f)	आगमन (m)	āgaman
llegar en tren	गाड़ी से पहुंचना	gāṛī se pahunchana
tomar el tren	गाड़ी पकड़ना	gāḍī pakarana
bajar del tren	गाड़ी से उतरना	gāṛī se utarana
descarrilamiento (m)	दुर्घटनाग्रस्त (f)	durghatanāgrast
tren (m) de vapor	स्टीम इंजन (m)	stīm injan
fogonero (m)	अग्निशामक (m)	agnishāmak
hogar (m)	भट्ठी (f)	bhatthī
carbón (m)	कोयला (m)	koyala

107. El barco

barco, buque (m)	जहाज़ (m)	jahāz
navío (m)	जहाज़ (m)	jahāz
buque (m) de vapor	जहाज़ (m)	jahāz
motonave (f)	मोटर बोट (m)	motar bot
trasatlántico (m)	लाइनर (m)	lainar
crucero (m)	क्रूज़र (m)	krūzar
yate (m)	याख़्ट (m)	yākht
remolcador (m)	कर्षक पोत (m)	karshak pot
barcaza (f)	बार्ज (f)	bārj
ferry (m)	फेरी बोट (f)	ferī bot
velero (m)	पाल नाव (f)	pāl nāv
bergantín (m)	बादबानी (f)	bādabānī
rompehielos (m)	हिमभंजक पोत (m)	himabhanjak pot
submarino (m)	पनडुब्बी (f)	panadubbī
bote (m) de remo	नाव (m)	nāv
bote (m)	किश्ती (f)	kishtī
bote (m) salvavidas	जीवन रक्षा किश्ती (f)	jīvan raksha kishtī
lancha (f) motora	मोटर बोट (m)	motar bot
capitán (m)	कप्तान (m)	kaptān
marinero (m)	मल्लाह (m)	mallāh
marino (m)	मल्लाह (m)	mallāh
tripulación (f)	वैमानिक दल (m)	vaimānik dal
contramaestre (m)	बोसुन (m)	bosun
grumete (m)	बोसुन (m)	bosun
cocinero (m) de abordo	रसोइया (m)	rasoiya
médico (m) del buque	पोत डाक्टर (m)	pot dāktar
cubierta (f)	डेक (m)	dek
mástil (m)	मस्तूल (m)	mastūl
vela (f)	पाल (m)	pāl
bodega (f)	कार्गो (m)	kārgo
proa (f)	जहाज़ का अगड़ा हिस्सा (m)	jahāz ka agara hissa
popa (f)	जहाज़ का पिछला हिस्सा (m)	jahāz ka pichhala hissa
remo (m)	चप्पू (m)	chappū
hélice (f)	जहाज़ की पंखी चलाने का पेंच (m)	jahāz kī pankhī chalāne ka pench
camarote (m)	कैबिन (m)	kaibin
sala (f) de oficiales	मेस (f)	mes
sala (f) de máquinas	मशीन-कमरा (m)	mashīn-kamara
puente (m) de mando	ब्रिज (m)	brij
sala (f) de radio	रेडियो केबिन (m)	rediyo kebin
onda (f)	रेडियो तरंग (f)	rediyo tarang
cuaderno (m) de bitácora	जहाज़ी रजिस्टर (m)	jahāzī rajistar
anteojo (m)	टेलिस्कोप (m)	teliskop

campana (f)	घंटा (m)	ghanta
bandera (f)	झंडा (m)	jhanda
cabo (m) (maroma)	रस्सा (m)	rassa
nudo (m)	जहाज़ी गांठ (f)	jahāzī gānth
pasamano (m)	रेलिंग (f)	reling
pasarela (f)	सीढ़ी (f)	sīrhī
ancla (f)	लंगर (m)	langar
levar ancla	लंगर उठाना	langar uthāna
echar ancla	लंगर डालना	langar dālana
cadena (f) del ancla	लंगर की ज़जीर (f)	langar kī zajīr
puerto (m)	बंदरगाह (m)	bandaragāh
embarcadero (m)	घाट (m)	ghāt
amarrar (vt)	किनारे लगना	kināre lagana
desamarrar (vt)	रवाना होना	ravāna hona
viaje (m)	यात्रा (f)	yātra
crucero (m) (viaje)	जलयात्रा (f)	jalayātra
derrota (f) (rumbo)	दिशा (f)	disha
itinerario (m)	मार्ग (m)	mārg
canal (m) navegable	नाव्य जलपथ (m)	nāvy jalapath
bajío (m)	छिछला पानी (m)	chhichhala pānī
encallar (vi)	छिछले पानी में धंसना	chhichhale pānī men dhansana
tempestad (f)	तूफ़ान (m)	tufān
señal (f)	सिग्नल (m)	signal
hundirse (vr)	डूबना	dūbana
SOS	एसओएस	esoes
aro (m) salvavidas	लाइफ़ ब्वाय (m)	laif bvāy

108. El aeropuerto

aeropuerto (m)	हवाई अड्डा (m)	havaī adda
avión (m)	विमान (m)	vimān
compañía (f) aérea	हवाई कम्पनी (f)	havaī kampanī
controlador (m) aéreo	हवाई यातायात नियंत्रक (m)	havaī yātāyāt niyantrak
despegue (m)	प्रस्थान (m)	prasthān
llegada (f)	आगमन (m)	āgaman
llegar (en avión)	पहुंचना	pahunchana
hora (f) de salida	उड़ान का समय (m)	urān ka samay
hora (f) de llegada	आगमन का समय (m)	āgaman ka samay
retrasarse (vr)	देर से आना	der se āna
retraso (m) de vuelo	उड़ान देरी (f)	urān derī
pantalla (f) de información	सूचना बोर्ड (m)	sūchana bord
información (f)	सूचना (f)	sūchana

anunciar (vt)	घोषणा करना	ghoshana karana
vuelo (m)	फ़्लाइट (f)	flait
aduana (f)	सीमाशुल्क कार्यालय (m)	sīmāshulk kāryālay
aduanero (m)	सीमाशुल्क अधिकारी (m)	sīmāshulk adhikārī
declaración (f) de aduana	सीमाशुल्क घोषणा (f)	sīmāshulk ghoshana
rellenar la declaración	सीमाशुल्क घोषणा भरना	sīmāshulk ghoshana bharana
control (m) de pasaportes	पासपोर्ट जांच (f)	pāsport jānch
equipaje (m)	सामान (m)	sāmān
equipaje (m) de mano	दस्ती सामान (m)	dastī sāmān
carrito (m) de equipaje	सामान के लिये गाड़ी (f)	sāmān ke liye gārī
aterrizaje (m)	विमानारोहण (m)	vimānārohan
pista (f) de aterrizaje	विमानारोहण मार्ग (m)	vimānārohan mārg
aterrizar (vi)	उतरना	utarana
escaleras (f pl) (de avión)	सीढ़ी (f)	sīrhī
facturación (f) (check-in)	चेक-इन (m)	chek-in
mostrador (m) de facturación	चेक-इन डेस्क (m)	chek-in desk
hacer el check-in	चेक-इन करना	chek-in karana
tarjeta (f) de embarque	बोर्डिंग पास (m)	bording pās
puerta (f) de embarque	प्रस्थान गेट (m)	prasthān get
tránsito (m)	पारवहन (m)	pāravahan
esperar (aguardar)	इंतज़ार करना	intazār karana
zona (f) de preembarque	प्रतीक्षालय (m)	pratīkshālay
despedir (vt)	विदा करना	vida karana
despedirse (vr)	विदा कहना	vida kahana

Acontecimientos de la vida

109. Los días festivos. Los eventos

fiesta (f)	त्योहार (m)	tyohār
fiesta (f) nacional	राष्ट्रीय त्योहार (m)	rāshtrīy tyohār
día (m) de fiesta	त्योहार का दिन (m)	tyohār ka din
celebrar (vt)	पुण्यस्मरण करना	punyasmaran karana
evento (m)	घटना (f)	ghatana
medida (f)	आयोजन (m)	āyojan
banquete (m)	राजभोज (m)	rājabhoj
recepción (f)	दावत (f)	dāvat
festín (m)	दावत (f)	dāvat
aniversario (m)	वर्षगांठ (m)	varshagānth
jubileo (m)	वर्षगांठ (m)	varshagānth
Año (m) Nuevo	नव वर्ष (m)	nav varsh
¡Feliz Año Nuevo!	नव वर्ष की शुभकामना!	nav varsh kī shubhakāmana!
Papá Noel (m)	सांता क्लॉज़ (m)	sānta kloz
Navidad (f)	बड़ा दिन (m)	bara din
¡Feliz Navidad!	क्रिसमस की शुभकामनाएं!	krisamas kī shubhakāmanaen!
árbol (m) de Navidad	क्रिस्मस ट्री (m)	krismas trī
fuegos (m pl) artificiales	अग्नि क्रीड़ा (f)	agni krīra
boda (f)	शादी (f)	shādī
novio (m)	दुल्हा (m)	dulha
novia (f)	दुल्हन (f)	dulhan
invitar (vt)	आमंत्रित करना	āmantrit karana
tarjeta (f) de invitación	निमंत्रण पत्र (m)	nimantran patr
invitado (m)	मेहमान (m)	mehamān
visitar (vt) (a los amigos)	मिलने जाना	milane jāna
recibir a los invitados	मेहमानों से मिलना	mehamānon se milana
regalo (m)	उपहार (m)	upahār
regalar (vt)	उपहार देना	upahār dena
recibir regalos	उपहार मिलना	upahār milana
ramo (m) de flores	गुलदस्ता (m)	guladasta
felicitación (f)	बधाई (f)	badhaī
felicitar (vt)	बधाई देना	badhaī dena
tarjeta (f) de felicitación	बधाई पोस्टकार्ड (m)	badhaī postakārd
enviar una tarjeta	पोस्टकार्ड भेजना	postakārd bhejana
recibir una tarjeta	पोस्टकार्ड पाना	postakārd pāna

brindis (m)	टोस्ट (m)	tost
ofrecer (~ una copa)	ऑफ़र करना	ofar karana
champaña (f)	शैम्पेन (f)	shaimpen
divertirse (vr)	मज़े करना	maze karana
diversión (f)	आमोद (m)	āmod
alegría (f) (emoción)	ख़ुशी (f)	khushī
baile (m)	नाच (m)	nāch
bailar (vi, vt)	नाचना	nāchana
vals (m)	वॉल्ट्ज़ (m)	voltz
tango (m)	टैंगो (m)	taingo

110. Los funerales. El entierro

cementerio (m)	कब्रिस्तान (m)	kabristān
tumba (f)	कब्र (m)	kabr
cruz (f)	क्रॉस (m)	kros
lápida (f)	समाधि शिला (f)	sāmādhi shila
verja (f)	बाड़ (f)	bār
capilla (f)	चैपल (m)	chaipal
muerte (f)	मृत्यु (f)	mrtyu
morir (vi)	मरना	marana
difunto (m)	मृतक (m)	mrtak
luto (m)	शोक (m)	shok
enterrar (vt)	दफनाना	dafanāna
funeraria (f)	दफ़नालय (m)	dafanālay
entierro (m)	अंतिम संस्कार (m)	antim sanskār
corona (f) funeraria	फूलमाला (f)	fūlamāla
ataúd (m)	ताबूत (m)	tābūt
coche (m) fúnebre	शव मंच (m)	shav manch
mortaja (f)	कफन (m)	kafan
urna (f) funeraria	भस्मी कलश (m)	bhasmī kalash
crematorio (m)	दाहगृह (m)	dāhagrh
necrología (f)	निधन सूचना (f)	nidhan sūchana
llorar (vi)	रोना	rona
sollozar (vi)	रोना	rona

111. La guerra. Los soldados

sección (f)	दस्ता (m)	dasta
compañía (f)	कंपनी (f)	kampanī
regimiento (m)	रेजीमेंट (f)	rejīment
ejército (m)	सेना (f)	sena
división (f)	डिवीज़न (m)	divīzan
destacamento (m)	दल (m)	dal

hueste (f)	फौज (m)	fauj
soldado (m)	सिपाही (m)	sipāhī
oficial (m)	अफ़्सर (m)	afsar
soldado (m) raso	सैनिक (m)	sainik
sargento (m)	सार्जेंट (m)	sārjent
teniente (m)	लेफ्टिनेंट (m)	leftinent
capitán (m)	कसान (m)	kaptān
mayor (m)	मेजर (m)	mejar
coronel (m)	कर्नल (m)	karnal
general (m)	जनरल (m)	janaral
marino (m)	मल्लाह (m)	mallāh
capitán (m)	कसान (m)	kaptān
contramaestre (m)	बोसुन (m)	bosun
artillero (m)	तोपची (m)	topachī
paracaidista (m)	पैराट्रूपर (m)	pairātrūpar
piloto (m)	पाइलट (m)	pailat
navegador (m)	नैवीगेटर (m)	naivīgetar
mecánico (m)	मैकेनिक (m)	maikenik
zapador (m)	सैपर (m)	saipar
paracaidista (m)	छतरीबाज़ (m)	chhatarībāz
explorador (m)	जासूस (m)	jāsūs
francotirador (m)	निशानची (m)	nishānachī
patrulla (f)	गश्त (m)	gasht
patrullar (vi, vt)	गश्त लगाना	gasht lagāna
centinela (m)	प्रहरी (m)	praharī
guerrero (m)	सैनिक (m)	sainik
patriota (m)	देशभक्त (m)	deshabhakt
héroe (m)	हिरो (m)	hiro
heroína (f)	हिरोइन (f)	hiroin
traidor (m)	गद्दार (m)	gaddār
desertor (m)	भगोड़ा (m)	bhagora
desertar (vi)	भाग जाना	bhāg jāna
mercenario (m)	भाड़े का सैनिक (m)	bhāre ka sainik
recluta (m)	रंगरूट (m)	rangarūt
voluntario (m)	स्वयंसेवी (m)	svayansevī
muerto (m)	मृतक (m)	mrtak
herido (m)	घायल (m)	ghāyal
prisionero (m)	युद्ध क़ैदी (m)	yuddh qaidī

112. La guerra. El ámbito militar. Unidad 1

guerra (f)	युद्ध (m)	yuddh
estar en guerra	युद्ध करना	yuddh karana
guerra (f) civil	गृहयुद्ध (m)	grhayuddh
pérfidamente (adv)	विश्वासघाती ढंग से	vishvāsaghātī dhang se

declaración (f) de guerra	युद्ध का एलान (m)	yuddh ka elān
declarar (~ la guerra)	एलान करना	elān karana
agresión (f)	हमला (m)	hamala
atacar (~ a un país)	हमला करना	hamala karana
invadir (vt)	हमला करना	hamala karana
invasor (m)	आक्रमणकारी (m)	ākramanakārī
conquistador (m)	विजेता (m)	vijeta
defensa (f)	हिफ़ाज़त (f)	hifāzat
defender (vt)	हिफ़ाज़त करना	hifāzat karana
defenderse (vr)	के विरुद्ध हिफ़ाज़त करना	ke virūddh hifāzat karana
enemigo (m)	दुश्मन (m)	dushman
adversario (m)	विपक्ष (m)	vipaksh
enemigo (adj)	दुश्मनों का	dushmanon ka
estrategia (f)	रणनीति (f)	rananīti
táctica (f)	युक्ति (f)	yukti
orden (f)	हुक्म (m)	hukm
comando (m)	आज्ञा (f)	āgya
ordenar (vt)	हुक्म देना	hukm dena
misión (f)	मिशन (m)	mishan
secreto (adj)	गुप्त	gupt
batalla (f)	लड़ाई (f)	laraī
combate (m)	युद्ध (m)	yuddh
ataque (m)	आक्रमण (m)	ākraman
asalto (m)	धावा (m)	dhāva
tomar por asalto	धावा करना	dhāva karana
asedio (m), sitio (m)	घेरा (m)	ghera
ofensiva (f)	आक्रमण (m)	ākraman
tomar la ofensiva	आक्रमण करना	ākraman karana
retirada (f)	अपयान (m)	apayān
retirarse (vr)	अपयान करना	apayān karana
envolvimiento (m)	घेराई (f)	gheraī
cercar (vt)	घेरना	gherana
bombardeo (m)	बमबारी (f)	bamabārī
lanzar una bomba	बम गिराना	bam girāna
bombear (vt)	बमबारी करना	bamabārī karana
explosión (f)	विस्फोट (m)	visfot
tiro (m), disparo (m)	गोली (m)	golī
disparar (vi)	गोली चलाना	golī chalāna
tiro (m) (de artillería)	गोलीबारी (f)	golībārī
apuntar a ...	निशाना लगाना	nishāna lagāna
encarar (apuntar)	निशाना बांधना	nishāna bāndhana
alcanzar (el objetivo)	गोली मारना	golī mārana
hundir (vt)	डुबाना	dubāna

brecha (f) (~ en el casco)	छेद (m)	chhed
hundirse (vr)	डूबना	dūbana
frente (m)	मोरचा (m)	moracha
evacuación (f)	निकास (m)	nikās
evacuar (vt)	निकास करना	nikās karana
alambre (m) de púas	कांटेदार तार (m)	kāntedār tār
barrera (f) (~ antitanque)	बाड़ (m)	bār
torre (f) de vigilancia	बुर्ज (m)	burj
hospital (m)	सैनिक अस्पताल (m)	sainik aspatāl
herir (vt)	घायल करना	ghāyal karana
herida (f)	घाव (m)	ghāv
herido (m)	घायल (m)	ghāyal
recibir una herida	घायल होना	ghāyal hona
grave (herida)	गम्भीर	gambhīr

113. La guerra. El ámbito militar. Unidad 2

cautiverio (m)	क़ैद (f)	qaid
capturar (vt)	क़ैद करना	qaid karana
estar en cautiverio	क़ैद में रखना	qaid men rakhana
caer prisionero	क़ैद में लेना	qaid men lena
campo (m) de concentración	कन्सेंट्रेशन कैंप (m)	kansentreshan kaimp
prisionero (m)	युद्ध-क़ैदी (m)	yuddh-qaidī
escapar (de cautiverio)	क़ैद से भाग जाना	qaid se bhāg jāna
traicionar (vt)	गद्दारी करना	gaddārī karana
traidor (m)	गद्दार (m)	gaddār
traición (f)	गद्दारी (f)	gaddārī
fusilar (vt)	फाँसी देना	fānsī dena
fusilamiento (m)	प्राणदण्ड (f)	prānadand
equipo (m) (uniforme, etc.)	फौजी पोशक (m)	faujī poshak
hombrera (f)	कंधे का फीता (m)	kandhe ka fīta
máscara (f) antigás	गैस मास्क (m)	gais māsk
radio transmisor (m)	ट्रांस-रिसिवर (m)	trāns-risivar
cifra (f) (código)	गुप्तलेख (m)	guptalekh
conspiración (f)	गुप्तता (f)	guptata
contraseña (f)	पासवर्ड (m)	pāsavard
mina (f) terrestre	बारूदी सुरंग (f)	bārūdī surang
minar (poner minas)	सुरंग खोदना	surang khodana
campo (m) minado	सुरंग-क्षेत्र (m)	surang-kshetr
alarma (f) aérea	हवाई हमले की चेतावनी (f)	havaī hamale kī chetāvanī
alarma (f)	चेतावनी (f)	chetāvanī
señal (f)	सिग्नल (m)	signal
cohete (m) de señales	सिग्नल रॉकेट (m)	signal roket
estado (m) mayor	सैनिक मुख्यालय (m)	sainik mukhyālay

reconocimiento (m)	जासूसी देख-भाल (m)	jāsūsī dekh-bhāl
situación (f)	हालत (f)	hālat
informe (m)	रिपोर्ट (m)	riport
emboscada (f)	घात (f)	ghāt
refuerzo (m)	बलवृद्धि (m)	balavrddhi
blanco (m)	निशाना (m)	nishāna
terreno (m) de prueba	प्रशिक्षण क्षेत्र (m)	prashikshan kshetr
maniobras (f pl)	युद्धाभ्यास (m pl)	yuddhābhyās
pánico (m)	भगदड़ (f)	bhagadar
devastación (f)	तबाही (f)	tabāhī
destrucciones (f pl)	विनाश (m pl)	vināsh
destruir (vt)	नष्ट करना	nasht karana
sobrevivir (vi, vt)	जीवित रहना	jīvit rahana
desarmar (vt)	निरस्त्र करना	nirastr karana
manejar (un arma)	हथियार चलाना	hathiyār chalāna
¡Firmes!	सावधान!	sāvadhān!
¡Descanso!	आराम!	ārām!
hazaña (f)	साहस का कार्य (m)	sāhas ka kāry
juramento (m)	शपथ (f)	shapath
jurar (vt)	शपथ लेना	shapath lena
condecoración (f)	पदक (m)	padak
condecorar (vt)	इनाम देना	inām dena
medalla (f)	मेडल (m)	medal
orden (m) (~ de Merito)	आर्डर (m)	ārdar
victoria (f)	विजय (m)	vijay
derrota (f)	हार (f)	hār
armisticio (m)	युद्धविराम (m)	yuddhavirām
bandera (f)	झंडा (m)	jhanda
gloria (f)	प्रताप (m)	pratāp
desfile (m) militar	परेड (m)	pared
marchar (desfilar)	मार्च करना	mārch karana

114. Las armas

arma (f)	हथियार (m)	hathiyār
arma (f) de fuego	हथियार (m)	hathiyār
arma (f) blanca	पैने हथियार (m)	paine hathiyār
arma (f) química	रसायनिक शस्त्र (m)	rasāyanik shastr
nuclear (adj)	आण्विक	ānvik
arma (f) nuclear	आण्विक-शस्त्र (m)	ānvik-shastr
bomba (f)	बम (m)	bam
bomba (f) atómica	परमाणु बम (m)	paramānu bam
pistola (f)	पिस्तौल (m)	pistaul
fusil (m)	बंदूक (m)	bandūk

metralleta (f)	टामी गन (f)	tāmī gan
ametralladora (f)	मशीन गन (f)	mashīn gan
boca (f)	नालमुख (m)	nālamukh
cañón (m) (del arma)	नाल (m)	nāl
calibre (m)	नली का व्यास (m)	nalī ka vyās
gatillo (m)	घोड़ा (m)	ghora
alza (f)	लक्षक (m)	lakshak
cargador (m)	मैगज़ीन (m)	maigazīn
culata (f)	कुंदा (m)	kunda
granada (f) de mano	ग्रेनेड (m)	grened
explosivo (m)	विस्फोटक (m)	visfotak
bala (f)	गोली (f)	golī
cartucho (m)	कारतूस (m)	kāratūs
carga (f)	गति (f)	gati
pertrechos (m pl)	गोला बारूद (m pl)	gola bārūd
bombardero (m)	बमबार (m)	bamabār
avión (m) de caza	लड़ाकू विमान (m)	larākū vimān
helicóptero (m)	हेलिकॉप्टर (m)	helikoptar
antiaéreo (m)	विमान-विध्वंस तोप (f)	vimān-vidhvans top
tanque (m)	टैंक (m)	taink
cañón (m) (de un tanque)	तोप (m)	top
artillería (f)	तोपें (m)	topen
dirigir (un misil, etc.)	निशाना बांधना	nishāna bāndhana
mortero (m)	मोर्टार (m)	mortār
bomba (f) de mortero	मोर्टार बम (m)	mortār bam
obús (m)	गोला (m)	gola
trozo (m) de obús	किरच (m)	kirach
submarino (m)	पनडुब्बी (f)	panadubbī
torpedo (m)	टोरपीडो (m)	torapīdo
misil (m)	रॉकेट (m)	roket
cargar (pistola)	बंदूक भरना	bandūk bharana
tirar (vt)	गोली चलाना	golī chalāna
apuntar a ...	निशाना लगाना	nishāna lagāna
bayoneta (f)	किरिच (m)	kirich
espada (f) (duelo a ~)	खंजर (m)	khanjar
sable (m)	कृपाण (m)	krpān
lanza (f)	भाला (m)	bhāla
arco (m)	धनुष (m)	dhanush
flecha (f)	बाण (m)	bān
mosquete (m)	मसकट (m)	masakat
ballesta (f)	क्रॉसबो (m)	krosabo

115. Los pueblos antiguos

primitivo (adj)	आदिकालीन	ādikālīn
prehistórico (adj)	प्रागैतिहासिक	prāgaitihāsik
antiguo (adj)	प्राचीन	prāchīn
Edad (f) de Piedra	पाषाण युग (m)	pāshān yug
Edad (f) de Bronce	कांस्य युग (m)	kānsy yug
Edad (f) de Hielo	हिम युग (m)	him yug
tribu (f)	जनजाति (f)	janajāti
caníbal (m)	नरभक्षी (m)	narabhakshī
cazador (m)	शिकारी (m)	shikārī
cazar (vi, vt)	शिकार करना	shikār karana
mamut (m)	प्राचीन युग हाथी (m)	prāchīn yug hāthī
caverna (f)	गुफ़ा (f)	gufa
fuego (m)	अग्नि (m)	agni
hoguera (f)	अलाव (m)	alāv
pintura (f) rupestre	शिला चित्र (m)	shila chitr
herramienta (f), útil (m)	औज़ार (m)	auzār
lanza (f)	भाला (m)	bhāla
hacha (f) de piedra	पत्थर की कुल्हाड़ी (f)	patthar kī kulhārī
estar en guerra	युद्ध पर होना	yuddh par hona
domesticar (vt)	जानवरों को पालतू बनाना	jānavaron ko pālatū banāna
ídolo (m)	मूर्ति (f)	mūrti
adorar (vt)	पूजना	pūjana
superstición (f)	अंधविश्वास (m)	andhavishvās
rito (m)	अनुष्ठान (m)	anushthān
evolución (f)	उद्भव (m)	udbhav
desarrollo (m)	विकास (m)	vikās
desaparición (f)	गायब (m)	gāyab
adaptarse (vr)	अनुकूल बनाना	anukūl banāna
arqueología (f)	पुरातत्व (m)	purātatv
arqueólogo (m)	पुरातत्वविद (m)	purātatvavid
arqueológico (adj)	पुरातात्विक	purātātvik
sitio (m) de excavación	खुदाई क्षेत्र (m pl)	khudaī kshetr
excavaciones (f pl)	उत्खनन (f)	utkhanan
hallazgo (m)	खोज (f)	khoj
fragmento (m)	टुकड़ा (m)	tukara

116. La Edad Media

pueblo (m)	लोग (m)	log
pueblos (m pl)	लोग (m pl)	log
tribu (f)	जनजाति (f)	janajāti
tribus (f pl)	जनजातियाँ (f pl)	janajātiyān
bárbaros (m pl)	बर्बर (m pl)	barbar

galos (m pl)	गॉल्स (m pl)	gols
godos (m pl)	गोथ्स (m pl)	goths
eslavos (m pl)	स्लैव्स (m pl)	slaivs
vikingos (m pl)	वाइकिंग्स (m pl)	vaikings
romanos (m pl)	रोमन (m pl)	roman
romano (adj)	रोमन	roman
bizantinos (m pl)	बाइज़ेंटीनी (m pl)	baizentīnī
Bizancio (m)	बाइज़ेंटीयम (m)	baizentīyam
bizantino (adj)	बाइज़ेंटीन	baizentīn
emperador (m)	सम्राट् (m)	samrāt
jefe (m)	सरदार (m)	saradār
poderoso (adj)	प्रबल	prabal
rey (m)	बादशाह (m)	bādashāh
gobernador (m)	शासक (m)	shāsak
caballero (m)	योद्धा (m)	yoddha
señor (m) feudal	सामंत (m)	sāmant
feudal (adj)	सामंतिक	sāmantik
vasallo (m)	जागीरदार (m)	jāgīradār
duque (m)	ड्यूक (m)	dyūk
conde (m)	अर्ल (m)	arl
barón (m)	बैरन (m)	bairan
obispo (m)	बिशप (m)	bishap
armadura (f)	कवच (m)	kavach
escudo (m)	ढाल (m)	dhāl
espada (f) (danza de ~s)	तलवार (f)	talavār
visera (f)	मुखावरण (m)	mukhāvaran
cota (f) de malla	कवच (m)	kavach
cruzada (f)	धर्मयुद्ध (m)	dharmayuddh
cruzado (m)	धर्मयोद्धा (m)	dharmayoddha
territorio (m)	प्रदेश (m)	pradesh
atacar (~ a un país)	हमला करना	hamala karana
conquistar (vt)	जीतना	jītana
ocupar (invadir)	कब्ज़ा करना	kabza karana
asedio (m), sitio (m)	घेरा (m)	ghera
sitiado (adj)	घेरा हुआ	ghera hua
asediar, sitiar (vt)	घेरना	gherana
inquisición (f)	न्यायिक जांच (m)	nyāyik jānch
inquisidor (m)	न्यायिक जांचकर्ता (m)	nyāyik jānchakarta
tortura (f)	घोर शारीरिक यंत्रणा (f)	ghor sharīrik yantrana
cruel (adj)	निर्दयी	nirdayī
hereje (m)	विधर्मी (m)	vidharmī
herejía (f)	विधर्म (m)	vidharm
navegación (f) marítima	जहाज़रानी (f)	jahāzarānī
pirata (m)	समुद्री लूटेरा (m)	samudrī lūtera
piratería (f)	समुद्री डकैती (f)	samudrī dakaitī

abordaje (m)	बोर्डिंग (m)	bording
botín (m)	लूट का माल (m)	lūt ka māl
tesoros (m pl)	ख़ज़ाना (m)	khazāna
descubrimiento (m)	खोज (f)	khoj
descubrir (tierras nuevas)	नई ज़मीन खोजना	naī zamīn khojana
expedición (f)	अभियान (m)	abhiyān
mosquetero (m)	बंदूक धारी सिपाही (m)	bandūk dhārī sipāhī
cardenal (m)	कार्डिनल (m)	kārdinal
heráldica (f)	शौर्यशास्त्र (f)	shauryashāstr
heráldico (adj)	हेरल्डिक	heraldik

117. El líder. El jefe. Las autoridades

rey (m)	बादशाह (m)	bādashāh
reina (f)	महारानी (f)	mahārānī
real (adj)	राजसी	rājasī
reino (m)	राज्य (m)	rājy
príncipe (m)	राजकुमार (m)	rājakumār
princesa (f)	राजकुमारी (f)	rājakumārī
presidente (m)	राष्ट्रपति (m)	rāshtrapati
vicepresidente (m)	उपराष्ट्रपति (m)	uparāshtrapati
senador (m)	सांसद (m)	sānsad
monarca (m)	सम्राट (m)	samrāt
gobernador (m)	शासक (m)	shāsak
dictador (m)	तानाशाह (m)	tānāshāh
tirano (m)	तानाशाह (m)	tānāshāh
magnate (m)	रईस (m)	raīs
director (m)	निदेशक (m)	nideshak
jefe (m)	मुखिया (m)	mukhiya
gerente (m)	मैनेजर (m)	mainejar
amo (m)	साहब (m)	sāhab
dueño (m)	मालिक (m)	mālik
jefe (m) (~ de delegación)	मुखिया (m)	mukhiya
autoridades (f pl)	अधिकारी वर्ग (m pl)	adhikārī varg
superiores (m pl)	अधिकारी (m)	adhikārī
gobernador (m)	राज्यपाल (m)	rājyapāl
cónsul (m)	वाणिज्य-दूत (m)	vānijy-dūt
diplomático (m)	राजनयिक (m)	rājanayik
alcalde (m)	महापालिकाध्यक्ष (m)	mahāpālikādhyaksh
sheriff (m)	प्रधान हाकिम (m)	pradhān hākim
emperador (m)	सम्राट (m)	samrāt
zar (m)	राजा (m)	rāja
faraón (m)	फिरौन (m)	firaun
jan (m), kan (m)	ख़ान (m)	khān

118. Violar la ley. Los criminales. Unidad 1

bandido (m)	डाकू (m)	dākū
crimen (m)	जुर्म (m)	jurm
criminal (m)	अपराधी (m)	aparādhī
ladrón (m)	चोर (m)	chor
robo (m)	चोरी (f)	chorī
secuestrar (vt)	अपहरण करना	apaharan karana
secuestro (m)	अपहरण (m)	apaharan
secuestrador (m)	अपहरणकर्ता (m)	apaharanakartta
rescate (m)	फ़िरौती (f)	firautī
exigir un rescate	फ़िरौती मांगना	firautī māngana
robar (vt)	लूटना	lūtana
atracador (m)	लुटेरा (m)	lutera
extorsionar (vt)	ऐंठना	ainthana
extorsionista (m)	वसूलिकर्ती (m)	vasūlikarta
extorsión (f)	जबरन वसूली (m)	jabaran vasūlī
matar, asesinar (vt)	मारना	mārana
asesinato (m)	हत्या (f)	hatya
asesino (m)	हत्यारा (m)	hatyāra
tiro (m), disparo (m)	गोली (m)	golī
disparar (vi)	गोली चलाना	golī chalāna
matar (a tiros)	गोली मारकर हत्या करना	golī mārakar hatya karana
tirar (vi)	गोली चलाना	golī chalāna
tiroteo (m)	गोलीबारी (f)	golībārī
incidente (m)	घटना (f)	ghatana
pelea (f)	झगड़ा (m)	jhagara
¡Socorro!	बचाओ!	bachao!
víctima (f)	शिकार (m)	shikār
perjudicar (vt)	हानि पहुँचाना	hāni pahunchāna
daño (m)	नुक्सान (m)	nuksān
cadáver (m)	शव (m)	shav
grave (un delito ~)	गंभीर	gambhīr
atacar (vt)	आक्रमण करना	ākraman karana
pegar (golpear)	पीटना	pītana
apporear (vt)	पीट जाना	pīt jāna
quitar (robar)	लूटना	lūtana
acuchillar (vt)	चाकू से मार डालना	chākū se mār dālana
mutilar (vt)	अपाहिज करना	apāhij karana
herir (vt)	घाव करना	ghāv karana
chantaje (m)	ब्लैकमेल (m)	blaikamel
hacer chantaje	धमकी से रुपया ऐंठना	dhamakī se rupaya ainthana
chantajista (m)	ब्लैकमेलर (m)	blaikamelar
extorsión (f)	ठग व्यापार (m)	thag vyāpār

extorsionador (m)	ठग व्यापारी (m)	thag vyāpārī
gángster (m)	गैंगस्टर (m)	gaingastar
mafia (f)	माफ़िया (f)	māfiya
carterista (m)	जेबकतरा (m)	jebakatara
ladrón (m) de viviendas	सेंधमार (m)	sendhamār
contrabandismo (m)	तस्करी (m)	taskarī
contrabandista (m)	तस्कर (m)	taskar
falsificación (f)	जालसाज़ी (f)	jālasāzī
falsificar (vt)	जलसाज़ी करना	jalasāzī karana
falso (falsificado)	नक़ली	naqalī

119. Violar la ley. Los criminales. Unidad 2

violación (f)	बलात्कार (m)	balātkār
violar (vt)	बलात्कार करना	balātkār karana
violador (m)	बलात्कारी (m)	balātkārī
maniaco (m)	कामोन्मादी (m)	kāmonmādī
prostituta (f)	वैश्या (f)	vaishya
prostitución (f)	वेश्यावृत्ति (m)	veshyāvrtti
chulo (m), proxeneta (m)	भड़ुआ (m)	bharua
drogadicto (m)	नशेबाज़ (m)	nashebāz
narcotraficante (m)	नशीली दवा के विक्रेता (m)	nashīlī dava ke vikreta
hacer explotar	विस्फोट करना	visfot karana
explosión (f)	विस्फोट (m)	visfot
incendiar (vt)	आग जलाना	āg jalāna
incendiario (m)	आग जलानेवाला (m)	āg jalānevāla
terrorismo (m)	आतंकवाद (m)	ātankavād
terrorista (m)	आतंकवादी (m)	ātankavādī
rehén (m)	बंधक (m)	bandhak
estafar (vt)	धोखा देना	dhokha dena
estafa (f)	धोखा (m)	dhokha
estafador (m)	धोखेबाज़ (m)	dhokhebāz
sobornar (vt)	रिश्वत देना	rishvat dena
soborno (m) (delito)	रिश्वतखोरी (m)	rishvatakhorī
soborno (m) (dinero, etc.)	रिश्वत (m)	rishvat
veneno (m)	ज़हर (m)	zahar
envenenar (vt)	ज़हर खिलाना	zahar khilāna
envenenarse (vr)	ज़हर खाना	zahar khāna
suicidio (m)	आत्महत्या (f)	ātmahatya
suicida (m, f)	आत्महत्यारा (m)	ātmahatyāra
amenazar (vt)	धमकाना	dhamakāna
amenaza (f)	धमकी (f)	dhamakī
atentar (vi)	प्रयत्न करना	prayatn karana

atentado (m)	हत्या का प्रयत्न (m)	hatya ka prayatn
robar (un coche)	चुराना	churāna
secuestrar (un avión)	विमान का अपहरण करना	vimān ka apaharan karana
venganza (f)	बदला (m)	badala
vengar (vt)	बदला लेना	badala lena
torturar (vt)	घोर शरीरिक यंत्रणा पहुंचाना	ghor sharīrik yantrana pahunchāna
tortura (f)	घोर शरीरिक यंत्रणा (f)	ghor sharīrik yantrana
atormentar (vt)	सताना	satāna
pirata (m)	समुद्री लूटेरा (m)	samudrī lūtera
gamberro (m)	बदमाश (m)	badamāsh
armado (adj)	सशस्त्र	sashastr
violencia (f)	अत्यचार (m)	atyachār
espionaje (m)	जासूसी (f)	jāsūsī
espiar (vi, vt)	जासूसी करना	jāsūsī karana

120. La policía. La ley. Unidad 1

justicia (f)	मुक़दमा (m)	muqadama
tribunal (m)	न्यायालय (m)	nyāyālay
juez (m)	न्यायाधीश (m)	nyāyādhīsh
jurados (m pl)	जूरी सदस्य (m pl)	jūrī sadasy
tribunal (m) de jurados	जूरी (f)	jūrī
juzgar (vt)	मुक़दमा सुनना	muqadama sunana
abogado (m)	वकील (m)	vakīl
acusado (m)	मुलज़िम (m)	mulazim
banquillo (m) de los acusados	अदालत का कठघरा (m)	adālat ka kathaghara
inculpación (f)	आरोप (m)	ārop
inculpado (m)	मुलज़िम (m)	mulazim
sentencia (f)	निर्णय (m)	nirnay
sentenciar (vt)	निर्णय करना	nirnay karana
culpable (m)	दोषी (m)	doshī
castigar (vt)	सज़ा देना	saza dena
castigo (m)	सज़ा (f)	saza
multa (f)	जुर्माना (m)	jurmāna
cadena (f) perpetua	आजीवन करावास (m)	ājīvan karāvās
pena (f) de muerte	मृत्युदंड (m)	mrtyudand
silla (f) eléctrica	बिजली की कुर्सी (f)	bijalī kī kursī
horca (f)	फांसी का तख़्ता (m)	fānsī ka takhta
ejecutar (vt)	फांसी देना	fānsī dena
ejecución (f)	मौत की सज़ा (f)	maut kī saza
prisión (f)	जेल (f)	jel
celda (f)	जेल का कमरा (m)	jel ka kamara

escolta (f)	अनुरक्षक दल (m)	anurakshak dal
guardia (m) de prisiones	जेल का पहरेदार (m)	jel ka paharedār
prisionero (m)	क़ैदी (m)	qaidī

esposas (f pl)	हथकड़ी (f)	hathakarī
esposar (vt)	हथकड़ी लगाना	hathakarī lagāna

escape (m)	काराभंग (m)	kārābhang
escaparse (vr)	जेल से फरार हो जाना	jel se farār ho jāna
desaparecer (vi)	ग़ायब हो जाना	gāyab ho jāna
liberar (vt)	जेल से आज़ाद होना	jel se āzād hona
amnistía (f)	राजक्षमा (f)	rājakshama

policía (f) (~ nacional)	पुलिस (m)	pulis
policía (m)	पुलिसवाला (m)	pulisavāla
comisaría (f) de policía	थाना (m)	thāna
porra (f)	रबड़ की लाठी (f)	rabar kī lāthī
megáfono (m)	मेगाफ़ोन (m)	megāfon

coche (m) patrulla	गश्त कार (f)	gasht kār
sirena (f)	साइरन (f)	sairan
poner la sirena	साइरन बजाना	sairan bajāna
sonido (m) de sirena	साइरन की चिल्लाहट (m)	sairan kī chillāhat

escena (f) del delito	घटना स्थल (m)	ghatana sthal
testigo (m)	गवाह (m)	gavāh
libertad (f)	आज़ादी (f)	āzādī
cómplice (m)	सह अपराधी (m)	sah aparādhī
escapar de …	भाग जाना	bhāg jāna
rastro (m)	निशान (m)	nishān

121. La policía. La ley. Unidad 2

búsqueda (f)	तफ़तीश (f)	tafatīsh
buscar (~ el criminal)	तफ़तीश करना	tafatīsh karana
sospecha (f)	शक (m)	shak
sospechoso (adj)	शक करना	shak karana
parar (~ en la calle)	रोकना	rokana
retener (vt)	रोक के रखना	rok ke rakhana

causa (f) (~ penal)	मुक़दमा (m)	mukadama
investigación (f)	जाँच (f)	jānch
detective (m)	जासूस (m)	jāsūs
investigador (m)	जाँचकर्ता (m)	jānchakartta
versión (f)	अंदाज़ा (m)	andāza

motivo (m)	वजह (f)	vajah
interrogatorio (m)	पूछताछ (f)	pūchhatāchh
interrogar (vt)	पूछताछ करना	pūchhatāchh karana
interrogar (al testigo)	पूछताछ करना	puchhatāchh karana
control (m) (de vehículos, etc.)	जाँच (f)	jānch

redada (f)	घेराव (m)	gherāv
registro (m) (~ de la casa)	तलाशी (f)	talāshī

Español	Hindi	Transliteración
persecución (f)	पीछा (m)	pīchha
perseguir (vt)	पीछा करना	pīchha karana
rastrear (~ al criminal)	खोज निकालना	khoj nikālana
arresto (m)	गिरफ़्तारी (f)	giraftārī
arrestar (vt)	गिरफ़्तार करना	giraftār karana
capturar (vt)	पकड़ना	pakarana
captura (f)	पकड़ (m)	pakar
documento (m)	दस्तावेज़ (m)	dastāvez
prueba (f)	सबूत (m)	sabūt
probar (vt)	साबित करना	sābit karana
huella (f) (pisada)	पैरों के निशान (m)	pairon ke nishān
huellas (f pl) digitales	उंगलियों के निशान (m)	ungaliyon ke nishān
elemento (m) de prueba	सबूत (m)	sabūt
coartada (f)	अन्यत्रता (m)	anyatrata
inocente (no culpable)	बेगुनाह	begunāh
injusticia (f)	अन्याय (m)	anyāy
injusto (adj)	अन्यायपूर्ण	anyāyapūrn
criminal (adj)	आपराधिक	āparādhik
confiscar (vt)	कुर्क करना	kurk karana
narcótico (m)	अवैध पदार्थ (m)	avaidh padārth
arma (f)	हथियार (m)	hathiyār
desarmar (vt)	निरस्त्र करना	nirastr karana
ordenar (vt)	हुक्म देना	hukm dena
desaparecer (vi)	गायब होना	gāyab hona
ley (f)	कानून (m)	kānūn
legal (adj)	कानूनी	kānūnī
ilegal (adj)	अवैध	avaidh
responsabilidad (f)	ज़िम्मेदारी (f)	zimmedārī
responsable (adj)	ज़िम्मेदार	zimmedār

LA NATURALEZA

La tierra. Unidad 1

122. El espacio

cosmos (m)	अंतरिक्ष (m)	antariksh
espacial, cósmico (adj)	अंतरिक्षीय	antarikshīy
espacio (m) cósmico	अंतरिक्ष (m)	antariksh
mundo (m), universo (m)	ब्रह्माण्ड (m)	brahmānd
galaxia (f)	आकाशगंगा (f)	ākāshaganga

estrella (f)	सितारा (m)	sitāra
constelación (f)	नक्षत्र (m)	nakshatr
planeta (m)	ग्रह (m)	grah
satélite (m)	उपग्रह (m)	upagrah

meteorito (m)	उल्का पिंड (m)	ulka pind
cometa (m)	पुच्छल तारा (m)	puchchhal tāra
asteroide (m)	ग्रहिका (f)	grahika

órbita (f)	ग्रहपथ (m)	grahapath
girar (vi)	चक्कर लगना	chakkar lagana
atmósfera (f)	वातावरण (m)	vātāvaran

Sol (m)	सूरज (m)	sūraj
sistema (m) solar	सौर प्रणाली (f)	saur pranālī
eclipse (m) de Sol	सूर्य ग्रहण (m)	sūry grahan

Tierra (f)	पृथ्वी (f)	prthvī
Luna (f)	चांद (m)	chānd

Marte (m)	मंगल (m)	mangal
Venus (f)	शुक्र (m)	shukr
Júpiter (m)	बृहस्पति (m)	brhaspati
Saturno (m)	शनि (m)	shani

Mercurio (m)	बुध (m)	budh
Urano (m)	अरुण (m)	arun
Neptuno (m)	वरुण (m)	varūn
Plutón (m)	प्लूटो (m)	plūto

la Vía Láctea	आकाश गंगा (f)	ākāsh ganga
la Osa Mayor	सप्तर्षिमंडल (m)	saptarshimandal
la Estrella Polar	ध्रुव तारा (m)	dhruv tāra

marciano (m)	मंगल ग्रह का निवासी (m)	mangal grah ka nivāsī
extraterrestre (m)	अन्य नक्षत्र का निवासी (m)	any nakshatr ka nivāsī
planetícola (m)	अन्य नक्षत्र का निवासी (m)	any nakshatr ka nivāsī

platillo (m) volante	उड़न तश्तरी (f)	uran tashtarī
nave (f) espacial	अंतरिक्ष विमान (m)	antariksh vimān
estación (f) orbital	अंतरिक्ष अड्डा (m)	antariksh adda
despegue (m)	चालू करना (m)	chālū karana
motor (m)	इंजन (m)	injan
tobera (f)	नोज़ल (m)	nozal
combustible (m)	ईंधन (m)	īndhan
carlinga (f)	केबिन (m)	kebin
antena (f)	एरियल (m)	eriyal
ventana (f)	विमान गवाक्ष (m)	vimān gavāksh
batería (f) solar	सौर पेनल (m)	saur penal
escafandra (f)	अंतरिक्ष पोशाक (m)	antariksh poshāk
ingravidez (f)	भारहीनता (m)	bhārahīnata
oxígeno (m)	आक्सीजन (m)	āksījan
atraque (m)	डॉकिंग (f)	doking
realizar el atraque	डॉकिंग करना	doking karana
observatorio (m)	वेधशाला (m)	vedhashāla
telescopio (m)	दूरबीन (f)	dūrabīn
observar (vt)	देखना	dekhana
explorar (~ el universo)	जाँचना	jānchana

123. La tierra

Tierra (f)	पृथ्वी (f)	prthvī
globo (m) terrestre	गोला (m)	gola
planeta (m)	ग्रह (m)	grah
atmósfera (f)	वातावरण (m)	vātāvaran
geografía (f)	भूगोल (m)	bhūgol
naturaleza (f)	प्रकृति (f)	prakrti
globo (m) terráqueo	गोलक (m)	golak
mapa (m)	नक्शा (m)	naksha
atlas (m)	मानचित्रावली (f)	mānachitrāvalī
Europa (f)	यूरोप (m)	yūrop
Asia (f)	एशिया (f)	eshiya
África (f)	अफ्रीका (m)	afrīka
Australia (f)	ऑस्ट्रेलिया (m)	ostreliya
América (f)	अमेरिका (f)	amerika
América (f) del Norte	उत्तरी अमेरिका (f)	uttarī amerika
América (f) del Sur	दक्षिणी अमेरिका (f)	dakshinī amerika
Antártida (f)	अंटार्कटिक (m)	antārkatik
Ártico (m)	आर्कटिक (m)	ārkatik

124. Los puntos cardinales

norte (m)	उत्तर (m)	uttar
al norte	उत्तर की ओर	uttar kī or
en el norte	उत्तर में	uttar men
del norte (adj)	उत्तरी	uttarī
sur (m)	दक्षिण (m)	dakshin
al sur	दक्षिण की ओर	dakshin kī or
en el sur	दक्षिण में	dakshin men
del sur (adj)	दक्षिणी	dakshinī
oeste (m)	पश्चिम (m)	pashchim
al oeste	पश्चिम की ओर	pashchim kī or
en el oeste	पश्चिम में	pashchim men
del oeste (adj)	पश्चिमी	pashchimī
este (m)	पूर्व (m)	pūrv
al este	पूर्व की ओर	pūrv kī or
en el este	पूर्व में	pūrv men
del este (adj)	पूर्वी	pūrvī

125. El mar. El océano

mar (m)	सागर (m)	sāgar
océano (m)	महासागर (m)	mahāsāgar
golfo (m)	खाड़ी (f)	khāṛī
estrecho (m)	जलग्रीवा (m)	jalagrīva
continente (m)	महाद्वीप (m)	mahādvīp
isla (f)	द्वीप (m)	dvīp
península (f)	प्रायद्वीप (m)	prāyadvīp
archipiélago (m)	द्वीप समूह (m)	dvīp samūh
bahía (f)	तट-खाड़ी (f)	tat-khārī
ensenada, bahía (f)	बंदरगाह (m)	bandaragāh
laguna (f)	लैगून (f)	laigūn
cabo (m)	अंतरीप (m)	antarīp
atolón (m)	एटोल (m)	etol
arrecife (m)	रीफ़ (m)	rīf
coral (m)	प्रवाल (m)	pravāl
arrecife (m) de coral	प्रवाल रीफ़ (m)	pravāl rīf
profundo (adj)	गहरा	gahara
profundidad (f)	गहराई (f)	gaharaī
abismo (m)	रसातल (m)	rasātal
fosa (f) oceánica	गढ़ा (m)	garha
corriente (f)	धारा (f)	dhāra
bañar (rodear)	घिरा होना	ghira hona
orilla (f)	किनारा (m)	kināra
costa (f)	तटबंध (m)	tatabandh

flujo (m)	ज्वार (m)	jvār
reflujo (m)	भाटा (m)	bhāta
banco (m) de arena	रेती (m)	retī
fondo (m)	तला (m)	tala

ola (f)	तरंग (f)	tarang
cresta (f) de la ola	तरंग शिखर (f)	tarang shikhar
espuma (f)	झाग (m)	jhāg

huracán (m)	तुफ़ान (m)	tufān
tsunami (m)	सुनामी (f)	sunāmī
bonanza (f)	शांत (m)	shānt
calmo, tranquilo	शांत	shānt

| polo (m) | ध्रुव (m) | dhruv |
| polar (adj) | ध्रुवीय | dhruvīy |

latitud (f)	अक्षांश (m)	akshānsh
longitud (f)	देशान्तर (m)	deshāntar
paralelo (m)	समांतर-रेखा (f)	samāntar-rekha
ecuador (m)	भूमध्य रेखा (f)	bhūmadhy rekha

cielo (m)	आकाश (f)	ākāsh
horizonte (m)	क्षितिज (m)	kshitij
aire (m)	हवा (f)	hava

faro (m)	प्रकाशस्तंभ (m)	prakāshastambh
bucear (vi)	गोता मारना	gota mārana
hundirse (vr)	डूब जाना	dūb jāna
tesoros (m pl)	खज़ाना (m)	khazāna

126. Los nombres de los mares y los océanos

océano (m) Atlántico	अटलांटिक महासागर (m)	atalāntik mahāsāgar
océano (m) Índico	हिन्द महासागर (m)	hind mahāsāgar
océano (m) Pacífico	प्रशांत महासागर (m)	prashānt mahāsāgar
océano (m) Glacial Ártico	उत्तरी ध्रुव महासागर (m)	uttarī dhuv mahāsāgar

mar (m) Negro	काला सागर (m)	kāla sāgar
mar (m) Rojo	लाल सागर (m)	lāl sāgar
mar (m) Amarillo	पीला सागर (m)	pīla sāgar
mar (m) Blanco	सफ़ेद सागर (m)	safed sāgar

mar (m) Caspio	कैस्पियन सागर (m)	kaispiyan sāgar
mar (m) Muerto	मृत सागर (m)	mrt sāgar
mar (m) Mediterráneo	भूमध्य सागर (m)	bhūmadhy sāgar

mar (m) Egeo	ईजियन सागर (m)	ījiyan sāgar
mar (m) Adriático	एड्रिएटिक सागर (m)	edrietik sāgar
mar (m) Arábigo	अरब सागर (m)	arab sāgar
mar (m) del Japón	जापान सागर (m)	jāpān sāgar
mar (m) de Bering	बेरिंग सागर (m)	bering sāgar
mar (m) de la China Meridional	दक्षिण चीन सागर (m)	dakshin chīn sāgar

mar (m) del Coral	कोरल सागर (m)	koral sāgar
mar (m) de Tasmania	तस्मान सागर (m)	tasmān sāgar
mar (m) Caribe	करिबियन सागर (m)	karibiyan sāgar
mar (m) de Barents	बैरेंट्स सागर (m)	bairents sāgar
mar (m) de Kara	काड़ा सागर (m)	kāra sāgar
mar (m) del Norte	उत्तर सागर (m)	uttar sāgar
mar (m) Báltico	बाल्टिक सागर (m)	bāltik sāgar
mar (m) de Noruega	नार्वे सागर (m)	nārve sāgar

127. Las montañas

montaña (f)	पहाड़ (m)	pahār
cadena (f) de montañas	पर्वत माला (f)	parvat māla
cresta (f) de montañas	पहाड़ों का सिलसिला (m)	pahāron ka silasila
cima (f)	चोटी (f)	chotī
pico (m)	शिखर (m)	shikhar
pie (m)	तलहटी (f)	talahatī
cuesta (f)	ढलान (f)	dhalān
volcán (m)	ज्वालामुखी (m)	jvālāmukhī
volcán (m) activo	सक्रिय ज्वालामुखी (m)	sakriy jvālāmukhī
volcán (m) apagado	निष्क्रिय ज्वालामुखी (m)	nishkriy jvālāmukhī
erupción (f)	विस्फोटन (m)	visfotan
cráter (m)	ज्वालामुखी का मुख (m)	jvālāmukhī ka mukh
magma (m)	मैग्मा (m)	maigma
lava (f)	लावा (m)	lāva
fundido (lava ~a)	पिघला हुआ	pighala hua
cañón (m)	घाटी (m)	ghātī
desfiladero (m)	तंग घाटी (f)	tang ghātī
grieta (f)	दरार (m)	darār
puerto (m) (paso)	मार्ग (m)	mārg
meseta (f)	पठार (m)	pathār
roca (f)	शिला (f)	shila
colina (f)	टीला (m)	tīla
glaciar (m)	हिमनद (m)	himanad
cascada (f)	झरना (m)	jharana
geiser (m)	उष्ण जल स्रोत (m)	ushn jal srot
lago (m)	तालाब (m)	tālāb
llanura (f)	समतल प्रदेश (m)	samatal pradesh
paisaje (m)	परिदृश्य (m)	paridrshy
eco (m)	गूँज (f)	gūnj
alpinista (m)	पर्वतारोही (m)	parvatārohī
escalador (m)	पर्वतारोही (m)	parvatārohī
conquistar (vt)	चोटी पर पहुँचना	chotī par pahunchana
ascensión (f)	चढ़ाव (m)	charhāv

128. Los nombres de las montañas

Alpes (m pl)	आल्पस (m)	ālpas
Montblanc (m)	मोन्ट ब्लैंक (m)	mont blaink
Pirineos (m pl)	पाइरीनीज़ (f pl)	pairīnīz
Cárpatos (m pl)	कार्पाथियेन्स (m)	kārpāthiyens
Urales (m pl)	यूरल (m)	yūral
Cáucaso (m)	कोकेशिया के पहाड़ (m)	kokeshiya ke pahār
Elbrus (m)	एल्ब्रस पर्वत (m)	elbras parvat
Altai (m)	अल्टाई पर्वत (m)	altaī parvat
Tian-Shan (m)	तियान शान (m)	tiyān shān
Pamir (m)	पामीर पर्वत (m)	pāmīr parvat
Himalayos (m pl)	हिमालय (m)	himālay
Everest (m)	माउंट एवरेस्ट (m)	maunt evarest
Andes (m pl)	एंडीज़ (f pl)	endīz
Kilimanjaro (m)	किलीमन्जारो (m)	kilīmanjāro

129. Los ríos

río (m)	नदी (f)	nadī
manantial (m)	झरना (m)	jharana
lecho (m) (curso de agua)	नदी तल (m)	nadī tal
cuenca (f) fluvial	बेसिन (m)	besin
desembocar en …	गिरना	girana
afluente (m)	उपनदी (f)	upanadī
ribera (f)	तट (m)	tat
corriente (f)	धारा (f)	dhāra
río abajo (adv)	बहाव के साथ	bahāv ke sāth
río arriba (adv)	बहाव के विरुद्ध	bahāv ke virūddh
inundación (f)	बाढ़ (f)	bārh
riada (f)	बाढ़ (f)	bārh
desbordarse (vr)	उमड़ना	umarana
inundar (vt)	पानी से भरना	pānī se bharana
bajo (m) arenoso	छिछला पानी (m)	chhichhala pānī
rápido (m)	तेज़ उतार (m)	tez utār
presa (f)	बांध (m)	bāndh
canal (m)	नहर (f)	nahar
lago (m) artificiale	जलाशय (m)	jalāshay
esclusa (f)	स्लूस (m)	slūs
cuerpo (m) de agua	जल स्रोत (m)	jal srot
pantano (m)	दलदल (m)	daladal
ciénaga (f)	दलदल (f)	daladal
remolino (m)	भंवर (m)	bhanvar
arroyo (m)	झरना (m)	jharana

potable (adj)	पीने का	pīne ka
dulce (agua ~)	ताज़ा	tāza
hielo (m)	बर्फ़ (m)	barf
helarse (el lago, etc.)	जम जाना	jam jāna

130. Los nombres de los ríos

Sena (m)	सीन (f)	sīn
Loira (m)	लॉयर (f)	loyar
Támesis (m)	थेम्स (f)	thems
Rin (m)	राइन (f)	rain
Danubio (m)	डेन्यूब (f)	denyūb
Volga (m)	वोल्गा (f)	volga
Don (m)	डॉन (f)	don
Lena (m)	लेना (f)	lena
Río (m) Amarillo	ह्वांग हे (f)	hvāng he
Río (m) Azul	यांग्त्ज़ी (f)	yāngtzī
Mekong (m)	मेकांग (f)	mekāng
Ganges (m)	गंगा (f)	ganga
Nilo (m)	नील (f)	nīl
Congo (m)	कांगो (f)	kāngo
Okavango (m)	ओकावान्गो (f)	okāvāngo
Zambeze (m)	ज़म्बेज़ी (f)	zambezī
Limpopo (m)	लिम्पोपो (f)	limpopo
Misisipi (m)	मिसिसिपी (f)	misisipī

131. El bosque

bosque (m)	जंगल (m)	jangal
de bosque (adj)	जंगली	jangalī
espesura (f)	घना जंगल (m)	ghana jangal
bosquecillo (m)	उपवान (m)	upavān
claro (m)	खुला छोटा मैदान (m)	khula chhota maidān
maleza (f)	झाड़ियाँ (f pl)	jhāriyān
matorral (m)	झाड़ियों भरा मैदान (m)	jhāriyon bhara maidān
senda (f)	फुटपाथ (m)	futapāth
barranco (m)	नाली (f)	nālī
árbol (m)	पेड़ (m)	per
hoja (f)	पत्ता (m)	patta
follaje (m)	पत्तियां (f)	pattiyān
caída (f) de hojas	पतझड़ (m)	patajhar
caer (las hojas)	गिरना	girana

Español	Hindi	Transliteración
cima (f)	शिखर (m)	shikhar
rama (f)	टहनी (f)	tahanī
rama (f) (gruesa)	शाखा (f)	shākha
brote (m)	कलिका (f)	kalika
aguja (f)	सुई (f)	suī
piña (f)	शंकुफल (m)	shankufal
agujero (m)	खोखला (m)	khokhala
nido (m)	घोंसला (m)	ghonsala
tronco (m)	तना (m)	tana
raíz (f)	जड़ (f)	jar
corteza (f)	छाल (f)	chhāl
musgo (m)	काई (f)	kaī
extirpar (vt)	उखाड़ना	ukhārana
talar (vt)	काटना	kātana
deforestar (vt)	जंगल काटना	jangal kātana
tocón (m)	ठूंठ (m)	thūnth
hoguera (f)	अलाव (m)	alāv
incendio (m) forestal	जंगल की आग (f)	jangal kī āg
apagar (~ el incendio)	आग बुझाना	āg bujhāna
guarda (m) forestal	वनरक्षक (m)	vanarakshak
protección (f)	रक्षा (f)	raksha
proteger (vt)	रक्षा करना	raksha karana
cazador (m) furtivo	चोर शिकारी (m)	chor shikārī
cepo (m)	फंदा (m)	fanda
recoger (setas, bayas)	बटोरना	batorana
perderse (vr)	रास्ता भूलना	rāsta bhūlana

132. Los recursos naturales

recursos (m pl) naturales	प्राकृतिक संसाधन (m pl)	prākrtik sansādhan
recursos (m pl) subterráneos	खनिज पदार्थ (m pl)	khanij padārth
depósitos (m pl)	तह (f pl)	tah
yacimiento (m)	क्षेत्र (m)	kshetr
extraer (vt)	खोदना	khodana
extracción (f)	खनिकर्म (m)	khanikarm
mena (f)	अयस्क (m)	ayask
mina (f)	खान (f)	khān
pozo (m) de mina	शैफ़्ट (m)	shaifat
minero (m)	खनिक (m)	khanik
gas (m)	गैस (m)	gais
gasoducto (m)	गैस पाइप लाइन (m)	gais paip lain
petróleo (m)	पेट्रोल (m)	petrol
oleoducto (m)	तेल पाइप लाइन (m)	tel paip lain
pozo (m) de petróleo	तेल का कुँआ (m)	tel ka kuna
torre (f) de sondeo	डेरिक (m)	derik

petrolero (m)	टैंकर (m)	tainkar
arena (f)	रेत (m)	ret
caliza (f)	चूना पत्थर (m)	chūna patthar
grava (f)	बजरी (f)	bajarī
turba (f)	पीट (m)	pīt
arcilla (f)	मिट्टी (f)	mittī
carbón (m)	कोयला (m)	koyala

hierro (m)	लोहा (m)	loha
oro (m)	सोना (m)	sona
plata (f)	चाँदी (f)	chāndī
níquel (m)	गिलट (m)	gilat
cobre (m)	ताँबा (m)	tānba

zinc (m)	जस्ता (m)	jasta
manganeso (m)	अयस (m)	ayas
mercurio (m)	पारा (f)	pāra
plomo (m)	सीसा (f)	sīsa

mineral (m)	खनिज (m)	khanij
cristal (m)	क्रिस्टल (m)	kristal
mármol (m)	संगमरमर (m)	sangamaramar
uranio (m)	यूरेनियम (m)	yūreniyam

La tierra. Unidad 2

133. El tiempo

tiempo (m)	मौसम (m)	mausam
previsión (f) del tiempo	मौसम का पूर्वानुमान (m)	mausam ka pūrvānumān
temperatura (f)	तापमान (m)	tāpamān
termómetro (m)	थर्मामीटर (m)	tharmāmītar
barómetro (m)	बैरोमीटर (m)	bairomītar
humedad (f)	नमी (f)	namī
bochorno (m)	गरमी (f)	garamī
tórrido (adj)	गरम	garam
hace mucho calor	गरमी है	garamī hai
hace calor (templado)	गरम है	garam hai
templado (adj)	गरम	garam
hace frío	ठंडक है	thandak hai
frío (adj)	ठंडा	thanda
sol (m)	सूरज (m)	sūraj
brillar (vi)	चमकना	chamakana
soleado (un día ~)	धूपदार	dhūpadār
elevarse (el sol)	उगना	ugana
ponerse (vr)	डूबना	dūbana
nube (f)	बादल (m)	bādal
nuboso (adj)	मेघाच्छादित	meghāchchhādit
nubarrón (m)	घना बादल (m)	ghana bādal
nublado (adj)	बदली	badalī
lluvia (f)	बारिश (f)	bārish
está lloviendo	बारिश हो रही है	bārish ho rahī hai
lluvioso (adj)	बरसाती	barasātī
lloviznar (vi)	बूंदाबांदी होना	būndābāndī hona
aguacero (m)	मूसलधार बारिश (f)	mūsaladhār bārish
chaparrón (m)	मूसलधार बारिश (f)	mūsaladhār bārish
fuerte (la lluvia ~)	भारी	bhārī
charco (m)	पोखर (m)	pokhar
mojarse (vr)	भीगना	bhīgana
niebla (f)	कुहरा (m)	kuhara
nebuloso (adj)	कुहरेदार	kuharedār
nieve (f)	बर्फ़ (f)	barf
está nevando	बर्फ़ पड़ रही है	barf par rahī hai

134. Los eventos climáticos severos. Los desastres naturales

tormenta (f)	गरजवाला तुफ़ान (m)	garajavāla tufān
relámpago (m)	बिजली (m)	bijalī
relampaguear (vi)	चमकना	chamakana
trueno (m)	गरज (m)	garaj
tronar (vi)	बादल गरजना	bādal garajana
está tronando	बादल गरज रहा है	bādal garaj raha hai
granizo (m)	ओला (m)	ola
está granizando	ओले पड़ रहे हैं	ole par rahe hain
inundar (vt)	बाढ़ आ जाना	bārh ā jāna
inundación (f)	बाढ़ (f)	bārh
terremoto (m)	भूकंप (m)	bhūkamp
sacudida (f)	झटका (m)	jhataka
epicentro (m)	अधिकेंद्र (m)	adhikendr
erupción (f)	उद्गार (m)	udgār
lava (f)	लावा (m)	lāva
torbellino (m)	बवंडर (m)	bavandar
tornado (m)	टोर्नेडो (m)	tornedo
tifón (m)	रतूफ़ान (m)	ratūfān
huracán (m)	समुद्री तूफ़ान (m)	samudrī tūfān
tempestad (f)	तूफ़ान (m)	tufān
tsunami (m)	सुनामी (f)	sunāmī
ciclón (m)	चक्रवात (m)	chakravāt
mal tiempo (m)	ख़राब मौसम (m)	kharāb mausam
incendio (m)	आग (f)	āg
catástrofe (f)	प्रलय (m)	pralay
meteorito (m)	उल्का पिंड (m)	ulka pind
avalancha (f)	हिमस्खलन (m)	himaskhalan
alud (m) de nieve	हिमस्खलन (m)	himaskhalan
ventisca (f)	बर्फ़ का तूफ़ान (m)	barf ka tufān
nevasca (f)	बर्फ़ीला तूफ़ान (m)	barfila tufān

La fauna

135. Los mamíferos. Los predadores

carnívoro (m)	परभक्षी (m)	parabhakshī
tigre (m)	बाघ (m)	bāgh
león (m)	शेर (m)	sher
lobo (m)	भेड़िया (m)	bheriya
zorro (m)	लोमड़ी (f)	lomri
jaguar (m)	जागुआर (m)	jāguār
leopardo (m)	तेंदुआ (m)	tendua
guepardo (m)	चीता (m)	chīta
pantera (f)	काला तेंदुआ (m)	kāla tendua
puma (f)	पहाड़ी बिलाव (m)	pahādī bilāv
leopardo (m) de las nieves	हिम तेंदुआ (m)	him tendua
lince (m)	वन बिलाव (m)	van bilāv
coyote (m)	कोयोट (m)	koyot
chacal (m)	गीदड़ (m)	gīdar
hiena (f)	लकड़बग्घा (m)	lakarabaggha

136. Los animales salvajes

animal (m)	जानवर (m)	jānavar
bestia (f)	जानवर (m)	jānavar
ardilla (f)	गिलहरी (f)	gilaharī
erizo (m)	कांटा-चूहा (m)	kānta-chūha
liebre (f)	खरगोश (m)	kharagosh
conejo (m)	खरगोश (m)	kharagosh
tejón (m)	बिज्जू (m)	bijjū
mapache (m)	रैकून (m)	raikūn
hámster (m)	हैम्स्टर (m)	haimstar
marmota (f)	मारमोट (m)	māramot
topo (m)	छछूंदर (m)	chhachhūndar
ratón (m)	चूहा (m)	chūha
rata (f)	घूस (m)	ghūs
murciélago (m)	चमगादड़ (m)	chamagādar
armiño (m)	नेवला (m)	nevala
cebellina (f)	सेबल (m)	sebal
marta (f)	मारटेन (m)	māraten
comadreja (f)	नेवला (m)	nevala
visón (m)	मिंक (m)	mink

| castor (m) | ऊदबिलाव (m) | ūdabilāv |
| nutria (f) | ऊदबिलाव (m) | ūdabilāv |

caballo (m)	घोड़ा (m)	ghora
alce (m)	मूस (m)	mūs
ciervo (m)	हिरण (m)	hiran
camello (m)	ऊंट (m)	ūnt

bisonte (m)	बाइसन (m)	baisan
uro (m)	जंगली बैल (m)	jangalī bail
búfalo (m)	भैंस (m)	bhains

cebra (f)	ज़ेबरा (m)	zebara
antílope (m)	मृग (f)	mrg
corzo (m)	मृगनी (f)	mrgnī
gamo (m)	चीतल (m)	chītal
gamuza (f)	शैमी (f)	shaimī
jabalí (m)	जंगली सुअर (m)	jangalī suār

ballena (f)	ह्वेल (f)	hvel
foca (f)	सील (m)	sīl
morsa (f)	वॉलरस (m)	volaras
oso (m) marino	फर सील (f)	far sīl
delfín (m)	डॉलफ़िन (f)	dolafin

oso (m)	रीछ (m)	rīchh
oso (m) blanco	सफ़ेद रीछ (m)	safed rīchh
panda (f)	पांडा (m)	pānda

mono (m)	बंदर (m)	bandar
chimpancé (m)	वनमानुष (m)	vanamānush
orangután (m)	वनमानुष (m)	vanamānush
gorila (m)	गोरिला (m)	gorila
macaco (m)	अफ़्रीकन लंगूर (m)	afrikan langūr
gibón (m)	गिब्बन (m)	gibban

elefante (m)	हाथी (m)	hāthī
rinoceronte (m)	गैंडा (m)	gainda
jirafa (f)	जिराफ़ (m)	jirāf
hipopótamo (m)	दरियाई घोड़ा (m)	dariyaī ghora

| canguro (m) | कंगारू (m) | kangārū |
| koala (f) | कोआला (m) | koāla |

mangosta (f)	नेवला (m)	nevala
chinchilla (f)	चिनचीला (f)	chinachīla
mofeta (f)	स्कंक (m)	skank
espín (m)	शल्यक (f)	shalyak

137. Los animales domésticos

gata (f)	बिल्ली (f)	billī
gato (m)	बिल्ला (m)	billa
perro (m)	कुत्ता (m)	kutta

caballo (m)	घोड़ा (m)	ghora
garañón (m)	घोड़ा (m)	ghora
yegua (f)	घोड़ी (f)	ghorī
vaca (f)	गाय (f)	gāy
toro (m)	बैल (m)	bail
buey (m)	बैल (m)	bail
oveja (f)	भेड़ (f)	bher
carnero (m)	भेड़ा (m)	bhera
cabra (f)	बकरी (f)	bakarī
cabrón (m)	बकरा (m)	bakara
asno (m)	गधा (m)	gadha
mulo (m)	खच्चर (m)	khachchar
cerdo (m)	सुअर (m)	suar
cerdito (m)	घेंटा (m)	ghenta
conejo (m)	खरगोश (m)	kharagosh
gallina (f)	मुर्गी (f)	murgī
gallo (m)	मुर्गा (m)	murga
pato (m)	बत्तख़ (f)	battakh
ánade (m)	नर बत्तख़ (m)	nar battakh
ganso (m)	हंस (m)	hans
pavo (m)	नर टर्की (m)	nar tarkī
pava (f)	टर्की (f)	tarkī
animales (m pl) domésticos	घरेलू पशु (m pl)	gharelū pashu
domesticado (adj)	पालतू	pālatū
domesticar (vt)	पालतू बनाना	pālatū banāna
criar (vt)	पालना	pālana
granja (f)	खेत (m)	khet
aves (f pl) de corral	मुर्गी पालन (f)	murgī pālan
ganado (m)	मवेशी (m)	maveshī
rebaño (m)	पशु समूह (m)	pashu samūh
caballeriza (f)	अस्तबल (m)	astabal
porqueriza (f)	सूअरखाना (m)	sūarakhāna
vaquería (f)	गोशाला (f)	goshāla
conejal (m)	खरगोश का दरबा (m)	kharagosh ka daraba
gallinero (m)	मुर्गीखाना (m)	murgīkhāna

138. Los pájaros

pájaro (m)	चिड़िया (f)	chiriya
paloma (f)	कबूतर (m)	kabūtar
gorrión (m)	गौरैया (f)	gauraiya
carbonero (m)	टिटरी (f)	titarī
urraca (f)	नीलकण्ठ पक्षी (f)	nīlakanth pakshī
cuervo (m)	काला कौआ (m)	kāla kaua

corneja (f)	कौआ (m)	kaua
chova (f)	कौआ (m)	kaua
grajo (m)	कौआ (m)	kaua

pato (m)	बत्तख़ (f)	battakh
ganso (m)	हंस (m)	hans
faisán (m)	तीतर (m)	tītar

águila (f)	चील (f)	chīl
azor (m)	बाज़ (m)	bāz
halcón (m)	बाज़ (m)	bāz
buitre (m)	गिद्ध (m)	giddh
cóndor (m)	कॉन्डोर (m)	kondor

cisne (m)	राजहंस (m)	rājahans
grulla (f)	सारस (m)	sāras
cigüeña (f)	लकलक (m)	lakalak

loro (m), papagayo (m)	तोता (m)	tota
colibrí (m)	हमिंग बर्ड (f)	haming bard
pavo (m) real	मोर (m)	mor

avestruz (m)	शुतुरमुर्ग (m)	shuturamurg
garza (f)	बगुला (m)	bagula
flamenco (m)	फ्लेमिन्गो (m)	flemingo
pelícano (m)	हवासिल (m)	havāsil

| ruiseñor (m) | बुलबुल (m) | bulabul |
| golondrina (f) | अबाबील (f) | abābīl |

tordo (m)	मुखव्रण (f)	mukhavran
zorzal (m)	मुखव्रण (f)	mukhavran
mirlo (m)	ब्लैकबर्ड (m)	blaikabard

vencejo (m)	बतासी (f)	batāsī
alondra (f)	भरत (m)	bharat
codorniz (f)	वर्तक (m)	varttak

pájaro carpintero (m)	कठफोड़ा (m)	kathafora
cuco (m)	कोयल (f)	koyal
lechuza (f)	उल्लू (m)	ullū
búho (m)	गरुड़ उल्लू (m)	garūr ullū
urogallo (m)	तीतर (m)	tītar
gallo lira (m)	काला तीतर (m)	kāla tītar
perdiz (f)	चकोर (m)	chakor

estornino (m)	तिलिया (f)	tiliya
canario (m)	कनारी (f)	kanārī
ortega (f)	पिंगल तीतर (m)	pingal tītar

| pinzón (m) | फ़िंच (m) | finch |
| camachuelo (m) | बुलफ़िंच (m) | bulafinch |

gaviota (f)	गंगा-चिल्ली (f)	ganga-chillī
albatros (m)	अल्बाट्रोस (m)	albātros
pingüino (m)	पेंगुइन (m)	penguin

139. Los peces. Los animales marinos

brema (f)	ब्रीम (f)	brīm
carpa (f)	कार्प (f)	kārp
perca (f)	पर्च (f)	parch
siluro (m)	कैटफ़िश (f)	kaitafish
lucio (m)	पाइक (f)	paik
salmón (m)	सैल्मन (f)	sailman
esturión (m)	स्टर्जन (f)	starjan
arenque (m)	हेरिंग (f)	hering
salmón (m) del Atlántico	अटलांटिक सैल्मन (f)	atalāntik sailman
caballa (f)	माक्रैल (f)	mākrail
lenguado (m)	फ़्लैटफ़िश (f)	flaitafish
lucioperca (f)	पाइक पर्च (f)	paik parch
bacalao (m)	कॉड (f)	kod
atún (m)	टूना (f)	tūna
trucha (f)	ट्राउट (f)	traut
anguila (f)	सर्पमीन (f)	sarpamīn
raya (f) eléctrica	विद्युत शंकुश (f)	vidyut shankush
morena (f)	मोरे सर्पमीन (f)	more sarpamīn
piraña (f)	पिरान्हा (f)	pirānha
tiburón (m)	शार्क (f)	shārk
delfín (m)	डॉलफ़िन (f)	dolafin
ballena (f)	हेल (f)	hvel
centolla (f)	केकड़ा (m)	kekara
medusa (f)	जेली फ़िश (f)	jelī fish
pulpo (m)	आक्टोपस (m)	āktopas
estrella (f) de mar	स्टार फ़िश (f)	stār fish
erizo (m) de mar	जलसाही (f)	jalasāhī
caballito (m) de mar	समुद्री घोड़ा (m)	samudrī ghora
ostra (f)	कस्तूरा (m)	kastūra
camarón (m)	झींगा (f)	jhīnga
bogavante (m)	लॉब्स्टर (m)	lobsatar
langosta (f)	स्पाइनी लॉब्स्टर (m)	spainī lobsatar

140. Los anfibios. Los reptiles

serpiente (f)	सर्प (m)	sarp
venenoso (adj)	विषैला	vishaila
víbora (f)	वाइपर (m)	vaipar
cobra (f)	नाग (m)	nāg
pitón (m)	अजगर (m)	ajagar
boa (f)	अजगर (m)	ajagar
culebra (f)	सॉंप (f)	sānp

| serpiente (m) de cascabel | रैटल सर्प (m) | raital sarp |
| anaconda (f) | एनाकोन्डा (f) | enākonda |

lagarto (m)	छिपकली (f)	chhipakalī
iguana (f)	इग्युएना (m)	igyūena
varano (m)	मॉनिटर छिपकली (f)	monitar chhipakalī
salamandra (f)	सैलामैंडर (m)	sailāmaindar
camaleón (m)	गिरगिट (m)	giragit
escorpión (m)	वृश्चिक (m)	vrshchik

tortuga (f)	कछुआ (m)	kachhua
rana (f)	मेंढक (m)	mendhak
sapo (m)	भेक (m)	bhek
cocodrilo (m)	मगर (m)	magar

141. Los insectos

insecto (m)	कीट (m)	kīt
mariposa (f)	तितली (f)	titalī
hormiga (f)	चींटी (f)	chīntī
mosca (f)	मक्खी (f)	makkhī
mosquito (m) (picadura de ~)	मच्छर (m)	machchhar
escarabajo (m)	भृंग (m)	bhrng

avispa (f)	हड्डा (m)	hadda
abeja (f)	मधुमक्खी (f)	madhumakkhī
abejorro (m)	भंवरा (m)	bhanvara
moscardón (m)	गोमक्खी (f)	gomakkhī

| araña (f) | मकड़ी (f) | makarī |
| telaraña (f) | मकड़ी का जाल (m) | makarī ka jāl |

libélula (f)	व्याध-पतंग (m)	vyādh-patang
saltamontes (m)	टिड्डा (m)	tidda
mariposa (f) nocturna	पतंगा (m)	patanga

cucaracha (f)	तिलचट्टा (m)	tilachatta
garrapata (f)	जूँआ (m)	juna
pulga (f)	पिस्सू (m)	pissū
mosca (f) negra	भुनगा (m)	bhunaga

langosta (f)	टिड्डी (f)	tiddī
caracol (m)	घोंघा (m)	ghongha
grillo (m)	झींगुर (m)	jhīngur
luciérnaga (f)	जुगनू (m)	juganū
mariquita (f)	सोनपंखी (f)	sonapankhī
sanjuanero (m)	कोकचाफ़ (m)	kokachāf

sanguijuela (f)	जोंक (m)	jok
oruga (f)	इल्ली (f)	illī
lombriz (m) de tierra	केंचुआ (m)	kenchua
larva (f)	कीटडिंभ (m)	kītadimbh

La flora

142. Los árboles

árbol (m)	पेड़ (m)	per
foliáceo (adj)	पर्णपाती	parnapātī
conífero (adj)	शंकुधर	shankudhar
de hoja perenne	सदाबहार	sadābahār
manzano (m)	सेब वृक्ष (m)	seb vrksh
peral (m)	नाशपाती का पेड़ (m)	nāshpātī ka per
cerezo (m), guindo (m)	चेरी का पेड़ (f)	cherī ka per
ciruelo (m)	आलूबुख़ारे का पेड़ (m)	ālūbukhāre ka per
abedul (m)	सनोबर का पेड़ (m)	sanobar ka per
roble (m)	बलूत (m)	balūt
tilo (m)	लिनडेन वृक्ष (m)	linaden vrksh
pobo (m)	आस्पेन वृक्ष (m)	āspen vrksh
arce (m)	मेपल (m)	mepal
pícea (f)	फर का पेड़ (m)	far ka per
pino (m)	देवदार (m)	devadār
alerce (m)	लार्च (m)	lārch
abeto (m)	फर (m)	far
cedro (m)	देवदर (m)	devadar
álamo (m)	पोप्लर वृक्ष (m)	poplar vrksh
serbal (m)	रोवाण (m)	rovān
sauce (m)	विलो (f)	vilo
aliso (m)	आल्डर वृक्ष (m)	āldar vrksh
haya (f)	बीच (m)	bīch
olmo (m)	एल्म वृक्ष (m)	elm vrksh
fresno (m)	एश-वृक्ष (m)	esh-vrksh
castaño (m)	चेस्टनट (m)	chestanat
magnolia (f)	मैगनोलिया (f)	maiganoliya
palmera (f)	ताड़ का पेड़ (m)	tār ka per
ciprés (m)	सरो (m)	saro
mangle (m)	मैनग्रोव (m)	mainagrov
baobab (m)	गोरक्षी (m)	gorakshī
eucalipto (m)	यूकेलिप्टस (m)	yūkeliptas
secoya (f)	सेकोइया (f)	sekoiya

143. Los arbustos

mata (f)	झाड़ी (f)	jhāṛī
arbusto (m)	झाड़ी (f)	jhāṛī

vid (f)	अंगूर की बेल (f)	angūr kī bel
viñedo (m)	अंगूर का बाग़ (m)	angūr ka bāg
frambueso (m)	रास्पबेरी की झाड़ी (f)	rāspaberī kī jhārī
grosellero (m) rojo	लाल करेंट की झाड़ी (f)	lāl karent kī jhārī
grosellero (m) espinoso	गूज़बेरी की झाड़ी (f)	gūzaberī kī jhārī
acacia (f)	ऐकेशिय (m)	aikeshiy
berberís (m)	बारबेरी झाड़ी (f)	bāraberī jhārī
jazmín (m)	चमेली (f)	chamelī
enebro (m)	जूनिपर (m)	jūnipar
rosal (m)	गुलाब की झाड़ी (f)	gulāb kī jhārī
escaramujo (m)	जंगली गुलाब (m)	jangalī gulāb

144. Las frutas. Las bayas

fruto (m)	फल (m)	fal
frutos (m pl)	फल (m pl)	fal
manzana (f)	सेब (m)	seb
pera (f)	नाश्पाती (f)	nāshpātī
ciruela (f)	आलूबुखारा (m)	ālūbukhāra
fresa (f)	स्ट्रॉबेरी (f)	stroberī
guinda (f), cereza (f)	चेरी (f)	cherī
uva (f)	अंगूर (m)	angūr
frambuesa (f)	रास्पबेरी (f)	rāspaberī
grosella (f) negra	काली करेंट (f)	kālī karent
grosella (f) roja	लाल करेंट (f)	lāl karent
grosella (f) espinosa	गूज़बेरी (f)	gūzaberī
arándano (m) agrio	क्रेनबेरी (f)	krenaberī
naranja (f)	संतरा (m)	santara
mandarina (f)	नारंगी (f)	nārangī
piña (f)	अनानास (m)	anānās
banana (f)	केला (m)	kela
dátil (m)	खजूर (m)	khajūr
limón (m)	नींबू (m)	nīmbū
albaricoque (m)	खूबानी (f)	khūbānī
melocotón (m)	आड़ू (m)	ārū
kiwi (m)	चीकू (m)	chīkū
toronja (f)	ग्रेपफ्रूट (m)	grepafrūt
baya (f)	बेरी (f)	berī
bayas (f pl)	बेरियां (f pl)	beriyān
arándano (m) rojo	काओबेरी (f)	kaoberī
fresa (f) silvestre	जंगली स्ट्रॉबेरी (f)	jangalī stroberī
arándano (m)	बिलबेरी (f)	bilaberī

145. Las flores. Las plantas

flor (f)	फूल (m)	fūl
ramo (m) de flores	गुलदस्ता (m)	guladasta
rosa (f)	गुलाब (f)	gulāb
tulipán (m)	ट्यूलिप (m)	tyūlip
clavel (m)	गुलनार (m)	gulanār
gladiolo (m)	ग्लेडियोलस (m)	glediyolas
aciano (m)	नीलकूपी (m)	nīlakūpī
campanilla (f)	ब्लूबेल (m)	blūbel
diente (m) de león	कुकरौंधा (m)	kukaraundha
manzanilla (f)	कैमोमाइल (m)	kaimomail
áloe (m)	मुसब्बर (m)	musabbar
cacto (m)	कैक्टस (m)	kaiktas
ficus (m)	रबड़ का पौधा (m)	rabar ka paudha
azucena (f)	कुमुदिनी (f)	kumudinī
geranio (m)	जेरेनियम (m)	jeraniyam
jacinto (m)	हायसिंथ (m)	hāyasinth
mimosa (f)	मिमोसा (m)	mimosa
narciso (m)	नरगिस (f)	naragis
capuchina (f)	नस्टाशयम (m)	nastāshayam
orquídea (f)	आर्किड (m)	ārkid
peonía (f)	पियोनी (m)	piyonī
violeta (f)	वॉयलेट (m)	voyalet
trinitaria (f)	पैंज़ी (m pl)	painzī
nomeolvides (f)	फर्गेट मी नाट (m)	fargent mī nāt
margarita (f)	गुलबहार (f)	gulabahār
amapola (f)	खशखाश (m)	khashakhāsh
cáñamo (m)	भांग (f)	bhāng
menta (f)	पुदीना (m)	pudīna
muguete (m)	कामुदिनी (f)	kāmudinī
campanilla (f) de las nieves	सफ़ेद फूल (m)	safed fūl
ortiga (f)	बिच्छू बूटी (f)	bichchhū būtī
acedera (f)	सोरेल (m)	sorel
nenúfar (m)	कुमुदिनी (f)	kumudinī
helecho (m)	फर्न (m)	farn
liquen (m)	शैवाक (m)	shaivāk
invernadero (m) tropical	शीशाघर (m)	shīshāghar
césped (m)	घास का मैदान (m)	ghās ka maidān
macizo (m) de flores	फुलवारी (f)	fulavārī
planta (f)	पौधा (m)	paudha
hierba (f)	घास (f)	ghās
hoja (f) de hierba	तिनका (m)	tinaka

hoja (f)	पत्ती (f)	pattī
pétalo (m)	पंखड़ी (f)	pankharī
tallo (m)	डंडी (f)	dandī
tubérculo (m)	कंद (m)	kand
retoño (m)	अंकुर (m)	ankur
espina (f)	काँटा (m)	kānta
florecer (vi)	खिलना	khilana
marchitarse (vr)	मुरझाना	murajhāna
olor (m)	बू (m)	bū
cortar (vt)	काटना	kātana
coger (una flor)	तोड़ना	torana

146. Los cereales, los granos

grano (m)	दाना (m)	dāna
cereales (m pl) (plantas)	अनाज की फ़सलें (m pl)	anāj kī fasalen
espiga (f)	बाल (f)	bāl
trigo (m)	गेहूं (m)	gehūn
centeno (m)	रई (f)	raī
avena (f)	जई (f)	jaī
mijo (m)	बाजरा (m)	bājara
cebada (f)	जौ (m)	jau
maíz (m)	मक्का (m)	makka
arroz (m)	चावल (m)	chāval
alforfón (m)	मोथी (m)	mothī
guisante (m)	मटर (m)	matar
fréjol (m)	राजमा (f)	rājama
soya (f)	सोया (m)	soya
lenteja (f)	दाल (m)	dāl
habas (f pl)	फली (f pl)	falī

LOS PAÍSES. LAS NACIONALIDADES

147. Europa occidental

Europa (f)	यूरोप (m)	yūrop
Unión (f) Europea	यूरोपीय संघ (m)	yūropīy sangh
Austria (f)	ऑस्ट्रिया (m)	ostriya
Gran Bretaña (f)	ग्रेट ब्रिटेन (m)	gret briten
Inglaterra (f)	इंग्लैंड (m)	inglaind
Bélgica (f)	बेल्जियम (m)	beljiyam
Alemania (f)	जर्मन (m)	jarman
Países Bajos (m pl)	नीदरलैंड्स (m)	nīdaralainds
Holanda (f)	हॉलैंड (m)	holaind
Grecia (f)	ग्रीस (m)	grīs
Dinamarca (f)	डेन्मार्क (m)	denmārk
Irlanda (f)	आयरलैंड (m)	āyaralaind
Islandia (f)	आयसलैंड (m)	āyasalaind
España (f)	स्पेन (m)	spen
Italia (f)	इटली (m)	italī
Chipre (m)	साइप्रस (m)	saipras
Malta (f)	माल्टा (m)	mālta
Noruega (f)	नार्वे (m)	nārve
Portugal (m)	पुर्तगाल (m)	purtagāl
Finlandia (f)	फ़िनलैंड (m)	finalaind
Francia (f)	फ्रांस (m)	frāns
Suecia (f)	स्वीडन (m)	svīdan
Suiza (f)	स्विट्ज़रलैंड (m)	svitzaralaind
Escocia (f)	स्कॉटलैंड (m)	skotalaind
Vaticano (m)	वेटिकन (m)	vetikan
Liechtenstein (m)	लिकटेंस्टीन (m)	likatenstīn
Luxemburgo (m)	लक्ज़मबर्ग (m)	lakzamabarg
Mónaco (m)	मोनाको (m)	monāko

148. Europa central y oriental

Albania (f)	अल्बानिया (m)	albāniya
Bulgaria (f)	बुल्गारिया (m)	bulgāriya
Hungría (f)	हंगरी (m)	hangarī
Letonia (f)	लाटविया (m)	lātaviya
Lituania (f)	लिथुआनिया (m)	lithuāniya
Polonia (f)	पोलैंड (m)	polaind

Rumania (f)	रोमानिया (m)	romāniya
Serbia (f)	सर्बिया (m)	sarbiya
Eslovaquia (f)	स्लोवाकिया (m)	slovākiya

Croacia (f)	क्रोएशिया (m)	kroeshiya
Chequia (f)	चेक गणतंत्र (m)	chek ganatantr
Estonia (f)	एस्तोनिया (m)	estoniya

Bosnia y Herzegovina	बोस्निया और हर्ज़ेगोविना	bosniya aur harzegovina
Macedonia	मेसेडोनिया (m)	mesedoniya
Eslovenia	स्लोवेनिया (m)	sloveniya
Montenegro (m)	मोंटेनेग्रो (m)	montenegro

149. Los países de la antes Unión Soviética

| Azerbaiyán (m) | आज़रबाइजान (m) | āzarabaijān |
| Armenia (f) | आर्मीनिया (m) | ārmīniya |

Bielorrusia (f)	बेलारूस (m)	belārūs
Georgia (f)	जॉर्जिया (m)	jorjiya
Kazajstán (m)	कज़ाकस्तान (m)	kazākastān
Kirguizistán (m)	किर्गीज़िया (m)	kirgīziya
Moldavia (f)	मोलदोवा (m)	moladova

| Rusia (f) | रूस (m) | rūs |
| Ucrania (f) | यूक्रेन (m) | yūkren |

Tayikistán (m)	ताजिकिस्तान (m)	tājikistān
Turkmenistán (m)	तुर्कमानिस्तान (m)	turkamānistān
Uzbekistán (m)	उज़्बेकिस्तान (m)	uzbekistān

150. Asia

Asia (f)	एशिया (f)	eshiya
Vietnam (m)	वियतनाम (m)	viyatanām
India (f)	भारत (m)	bhārat
Israel (m)	इस्रायल (m)	isrāyal

China (f)	चीन (m)	chīn
Líbano (m)	लेबनान (m)	lebanān
Mongolia (f)	मंगोलिया (m)	mangoliya

| Malasia (f) | मलेशिया (m) | maleshiya |
| Pakistán (m) | पाकिस्तान (m) | pākistān |

Arabia (f) Saudita	सऊदी अरब (m)	saūdī arab
Tailandia (f)	थाईलैंड (m)	thaīlaind
Taiwán (m)	ताइवान (m)	taivān

Turquía (f)	तुर्की (m)	turkī
Japón (m)	जापान (m)	jāpān
Afganistán (m)	अफ़्ग़ानिस्तान (m)	afagānistān

Bangladesh (m)	बांग्लादेश (m)	bānglādesh
Indonesia (f)	इण्डोनेशिया (m)	indoneshiya
Jordania (f)	जॉर्डन (m)	jordan
Irak (m)	इराक़ (m)	irāq
Irán (m)	इरान (m)	irān
Camboya (f)	कम्बोडिया (m)	kambodiya
Kuwait (m)	कुवैत (m)	kuvait
Laos (m)	लाओस (m)	laos
Myanmar (m)	म्यांमर (m)	myāmmar
Nepal (m)	नेपाल (m)	nepāl
Emiratos (m pl) Árabes Unidos	संयुक्त अरब अमीरात (m)	sanyukt arab amīrāt
Siria (f)	सीरिया (m)	sīriya
Palestina (f)	फिलिस्तीन (m)	filistīn
Corea (f) del Sur	दक्षिण कोरिया (m)	dakshin koriya
Corea (f) del Norte	उत्तर कोरिया (m)	uttar koriya

151. América del Norte

Estados Unidos de América (m pl)	संयुक्त राज्य अमरीका (m)	sanyukt rājy amarīka
Canadá (f)	कनाडा (m)	kanāda
Méjico (m)	मेक्सिको (m)	meksiko

152. Centroamérica y Sudamérica

Argentina (f)	अर्जेंटीना (m)	arjentīna
Brasil (m)	ब्राज़ील (m)	brāzīl
Colombia (f)	कोलम्बिया (m)	kolambiya
Cuba (f)	क्यूबा (m)	kyūba
Chile (m)	चिली (m)	chilī
Bolivia (f)	बोलीविया (m)	bolīviya
Venezuela (f)	वेनेजुएला (m)	venezuela
Paraguay (m)	परागुआ (m)	parāgua
Perú (m)	पेरू (m)	peru
Surinam (m)	सूरीनाम (m)	sūrīnām
Uruguay (m)	उरुग्वे (m)	urugve
Ecuador (m)	इक्वेडोर (m)	ikvedor
Islas (f pl) Bahamas	बहामा (m)	bahāma
Haití (m)	हाईटी (m)	haitī
República (f) Dominicana	डोमिनिकन रिपब्लिक (m)	dominikan ripablik
Panamá (f)	पनामा (m)	panāma
Jamaica (f)	जमैका (m)	jamaika

153. África

Español	Hindi	Transliteración
Egipto (m)	मिस्र (m)	misr
Marruecos (m)	मोरक्को (m)	morakko
Túnez (m)	ट्युनीसिया (m)	tyunīsiya
Ghana (f)	घाना (m)	ghāna
Zanzíbar (m)	ज़ैंज़िबार (m)	zainzibār
Kenia (f)	केन्या (m)	kenya
Libia (f)	लीबिया (m)	lībiya
Madagascar (m)	मडागास्कार (m)	madāgāskār
Namibia (f)	नामीबिया (m)	nāmībiya
Senegal (m)	सेनेगाल (m)	senegāl
Tanzania (f)	तंज़ानिया (m)	tanzāniya
República (f) Sudafricana	दक्षिण अफ्रीका (m)	dakshin afrīka

154. Australia. Oceanía

Español	Hindi	Transliteración
Australia (f)	आस्ट्रेलिया (m)	āstreliya
Nueva Zelanda (f)	न्यू ज़ीलैंड (m)	nyū zīlaind
Tasmania (f)	तास्मानिया (m)	tāsmāniya
Polinesia (f) Francesa	फ्रेंच पॉलीनेशिया (m)	french polīneshiya

155. Las ciudades

Español	Hindi	Transliteración
Ámsterdam	एम्स्टर्डम (m)	emstardam
Ankara	अंकारा (m)	ankāra
Atenas	एथेन्स (m)	ethens
Bagdad	बगदाद (m)	bagadād
Bangkok	बैंकॉक (m)	bainkok
Barcelona	बार्सिलोना (m)	bārsilona
Beirut	बेरूत (m)	berūt
Berlín	बर्लिन (m)	barlin
Mumbai	मुम्बई (m)	mumbī
Bonn	बॉन (m)	bon
Bratislava	ब्राटीस्लावा (m)	brātīslāva
Bruselas	ब्रसेल्स (m)	brasels
Bucarest	बुखारेस्ट (m)	bukhārest
Budapest	बुडापेस्ट (m)	budāpest
Burdeos	बोर्दी (m)	bordo
El Cairo	काहिरा (m)	kāhira
Calcuta	कोलकाता (m)	kolakāta
Chicago	शिकागो (m)	shikāgo
Copenhague	कोपनहेगन (m)	kopanahegan
Dar-es-Salam	दार-एस-सलाम (m)	dār-es-salām
Delhi	दिल्ली (f)	dillī

Dubai	दुबई (m)	dubī
Dublín	डब्लिन (m)	dablin
Dusseldorf	डसेलडोर्फ़ (m)	daseladorf

Estambul	इस्तांबुल (m)	istāmbul
Estocolmo	स्टॉकहोम (m)	stokahom
Florencia	फ्लोरेंस (m)	florens
Fráncfort del Meno	फ्रैंकफर्ट (m)	frainkfart
Ginebra	जेनेवा (m)	jeneva

La Habana	हवाना (m)	havāna
Hamburgo	हैम्बर्ग (m)	haimbarg
Hanói	हनोई (m)	hanoī
La Haya	हेग (m)	heg
Helsinki	हेलसिंकी (m)	helasinkī
Hiroshima	हिरोशीमा (m)	hiroshīma
Hong Kong	हांगकांग (m)	hāngakāng

Jerusalén	यरूशलम (m)	yarūshalam
Kiev	कीव (m)	kīv
Kuala Lumpur	कुआला लुम्पुर (m)	kuāla lumpur

Lisboa	लिस्बन (m)	lisban
Londres	लंदन (m)	landan
Los Ángeles	लॉस एंजेलेस (m)	los enjeles
Lyon	लिओन (m)	lion

Madrid	मेड्रिड (m)	medrid
Marsella	मार्सेल (m)	mārsel
Ciudad de México	मेक्सिको सिटी (f)	meksiko sitī
Miami	मियामी (m)	miyāmī
Montreal	मांट्रियल (m)	māntriyal
Moscú	मॉस्को (m)	mosko
Múnich	म्यूनिख़ (m)	myūnikh

Nairobi	नैरोबी (m)	nairobī
Nápoles	नेपल्स (m)	nepals
Niza	नीस (m)	nīs
Nueva York	न्यू यॉर्क (m)	nyū york

Oslo	ओस्लो (m)	oslo
Ottawa	ओटावा (m)	otāva
París	पेरिस (m)	peris
Pekín	बीजिंग (m)	bījing
Praga	प्राग (m)	prāg

Río de Janeiro	रिओ डे जैनेरो (m)	rio de jainero
Roma	रोम (m)	rom
San Petersburgo	सेंट पीटरस्बर्ग (m)	sent pītarasbarg
Seúl	सियोल (m)	siyol
Shanghái	शंघाई (m)	shanghaī
Singapur	सिंगापुर (m)	singāpur
Sydney	सिडनी (m)	sidanī

| Taipei | ताइपे (m) | taipe |
| Tokio | टोकियो (m) | tokiyo |

Toronto	टोरोन्टो (m)	toronto
Varsovia	वॉरसाँ (m)	voraso
Venecia	वीनिस (m)	vīnis
Viena	विएना (m)	viena
Washington	वॉशिंग्टन (m)	voshingtan

www.ingramcontent.com/pod-product-compliance
Lightning Source LLC
Chambersburg PA
CBHW070602050426
42450CB00011B/2942